浙江旅游职业学院"三全育人"综合改革成果系列丛书

阳 光 路 上

主　编 ◎ 周国忠

副主编 ◎ 徐初娜　金蓓蕾

参　编 ◎ 徐　敏　俞丹茗　陈雪琪　陈莹莹

　　　　 杨　婷　吴　珊　姚镭栓

中国旅游出版社

前 言

百年大计，教育为本；教育大计，立德为本。落实立德树人根本任务的关键是要形成全员、全过程、全方位育人的管理机制和合力举措。高校"三全育人"综合改革作为落实新时代党的教育方针的有力抓手，体现了政治高度、教育广度和改革深度。浙江旅游职业学院是文化和旅游部与浙江省人民政府共建的高等旅游职业院校，致力打造旅游职业教育的"中国品牌"和"中国服务"人才培养的摇篮。学校以习近平新时代中国特色社会主义思想为指导，坚持社会主义办学方向，落实立德树人根本任务，扎实构建了先锋领航、四融并进、以文化人、数字赋能"四维合一"的"三全育人"模式，德智体美劳五育并举成效显著。学校获评全国黄炎培职业教育优秀学校奖、全国党建工作样板支部2个、全国高职院校首批"育人成效50强"、全国学生发展指数优秀学校、国家课程思政示范课程2门、教育部首批教育信息化试点优秀单位、教育部"一站式"学生社区综合管理试点单位、全国国防教育特色校、世界职业院校与技术大学联盟（WFCP）"学生支持服务卓越奖"，入选浙江省"三全育人"综合改革重点支持高校、省首批高校智慧思政特色应用试点校、首批省级课程思政示范校、省5A等级平安校园、省高校示范性创业学院。

浙江旅游职业学院在遵循和总结当代大学生成长规律的基础上，靶向定位、精准施策，深入推进"阳光工程"，着力打造"坐标、修身、明德、实践、励志、启航"六大计划，致力于增强职业教育适应性，加快推进职业教育高质量发展。"阳光工程"全面关注学生成长，向学生传递成长的正能量。一直以来，浙江旅游职业学院秉承"励志、惟实、博爱、精致"的校训，发扬"和礼勤进"的旅院精神，聚焦产教融合的文旅行业人才培养，促进学生励志拼搏、奋发向上，持续拓展当代大学生思想政治教育的载体和形式，全面提升大学生思想政治工作实效性，真正实现学生全面发展和成长成才。

　　《阳光路上》收录了40余篇辅导员思政教育专题文章，发挥沟通心灵、启智润心、激扬斗志的作用，激励广大旅院学子担当起党和人民赋予的历史重任。阳光系列丛书表现方式更加灵活，内容更加多样，覆盖更加全面。在未来，众位学工线同仁仍将奋力发挥大思政主渠道作用，奋楫向前，持续推动学校思想政治教育向更高质量迈进。

编者

2022 年 6 月

目 录

第三辑　疫路同行　玉汝于成

第四辑　吾辈共进　闪耀青春

第一辑

心语所寄　一路阳光

致自己，致亲爱的同学们

葛丽敏

致自己，致亲爱的同学们：

走着走着，一不小心踏入了"筑梦人"的队列；走着走着，一不小心如丝的白发止不住的生根；走着走着，发现他们的笑、他们的泪、他们的所有，滋润着我每一刻的幸福和满足。追逐青春梦想的动力，搭建成长阶梯的激情，追求自我价值的升华，都被他们点燃。

九年，早已离不开他们，我最亲爱的同学们。尤记得每一次在会议室里的促膝长谈，每一次在活动室中的用心排练，每一次在艺术剧场里的东奔西走，每一次在运动场上的呐喊助威，他们都与我相伴。"葛老，这是活动方案（6），请查收。"一看时间，已是半夜十一点半，醒目的数字6，让我情不自已地点开了文件。这样的标注，我们都已形成了习惯。有学生问："葛老，您这么费心让我们一遍又一遍调整，是不是责怪我们不够好？您的白头发又要多了！"而后来，总是换回一句："葛老，您是对的！""葛老，我们做到了！"多少次的埋头讨论，多少次的据理力争，多少次的精益求精，多少次的孤注一掷，多少次的坦然释怀，成就了一场又一场满堂喝彩的精彩表演。

九年，早已舍不得他们，我最亲爱的同学们。尤记得每年的"毕业日"。"葛老，可以抱一抱你吗？""葛老，要记得按时吃饭啊！""葛老，这是我为您设计的自画像，您看是不是很像啊？""葛老，我一定会回来看您！"。那一刻的我，心中满满的暖意。从平凡到卓越，从软弱到坚强，从无助到担当，你们的成长，我都看到了！

走着走着，我早已离不开你们，我最亲爱的同学们。这份情谊，足够让我不羡慕世俗，不恭维权势，不趋向风气。

在大学里，和我一样的学生工作者很多，很平凡，很普通，却每天默默无闻地为学生操心，为学生鼓劲，为学生解忧。我们的目标都是一样的，希望亲爱的同学们在未来都可以成为社会有用之才。

我们慢慢走，长长的路，做有品格、有品行、有品位的向上向善好青年：学会立足青春，养成高尚品格。学会感恩，学会助人；学会保持良好心态，学会自尊、自爱、自律、自强。学会立足青春，塑造优良品行。静以修身，俭以养德。学会寻找自我，管理自我，克制自我，使言行举止散发正能量。学习不仅仅止步于书本，更需开阔自己的眼界，丰富自己的头脑，提升自己的品位。可以利用课余去践行青春志愿服务计划，可以寻找兴趣点去培养特长技能，可以利用假期去看看这个色彩斑斓的世界。

"我们寻找着人生的意义，但是我们不就是那迷失的星星，试图点亮漆黑的夜空吗？"愿亲爱的同学们，都可以熠熠发光；一路陪伴，共同成长。

个人简介

葛丽敏，女，中共党员。现任浙江旅游职业学院旅游规划与设计学院党总支副书记、团总支书记。曾获"全国大学生艺术展演筹备活动先进个人""浙江省旅游局直属系统优秀共产党员"、浙江旅游职业学院"奖教基金"优秀思政工作者、学院优秀学生社团指导老师等个人荣誉，为学院首批"德育名师"培养对象。2018 年，被评选为浙江省高校优秀辅导员。

写给生命有裂缝的你

蒋杭玲

2021 年的中秋节是"世界阿尔茨海默病日"，由此，我想起了身边的许多老人，他们或在硬朗的身体支撑下日日辛勤劳作，或被病痛纠缠，在绝望与希望中来回挣扎，或几进几出重症监护病房，自嘲吃药比吃饭多，或只是隐忍和沉默。

邻居老太太八十多了，患有中度老年痴呆，佝偻的背从侧面看完完全全是一口铁锅的形状。老太太腿脚不好，耳朵也不行，认人只能靠猜，但看到来人，还是会颤颤巍巍地迎到门口，嘴里念念有词，说些小辈们听了会开心的话。阳光很好的时候，她这间朝北的小屋便要经历一场"光线地震"，"裂缝"粗暴地将屋里屋外分成明暗两个世界，把她的小小板块扔进深深冷冷的黑暗里。在明亮的世界那边迎来过一窝新生的小狗，传出过孩子纯真的欢笑，还有锅铲准时碰撞的热热闹闹……

太阳底下没有新鲜事，这只是生活里最平常不过的片段。衰老与新生，哭泣与欢笑，分离与相聚，残缺与圆满，每时每刻都在地球上同时发生，在每个人的生命阶段中轮番上演。

也许手机对面的你生命中也曾有过深深的裂缝，这条裂缝可能源于父爱母爱的缺失，可能源于亲人的溘然离世，可能源于物质上的贫困，可能因为没考上理想的大学，也可能仅仅因为恋爱失败。但希望你明白，大部分你以为的伤害和不公，只是无差别的偶然事件。它们偶然发生，而你正好接了这出剧本。

你不免委屈，为什么你不是那个幸运儿？史铁生曾在"好运设计"一文中如痴如醉地对来世精心设想了一番，我们不妨借用这个设计想象一下。在这个设计中，你出生在一个衣食无忧、和谐友爱的家庭，你的父亲让你有机会崇尚知识，你的母亲让你爱上她所爱的这个世界，你拥有健全质朴的童年、浪漫无猜的伙伴，是一个幸运的、有点儿野性的孩子。你全面发展，兴趣广泛，万事如意……可"好运设计"进行到后面，作者发现过于完美的设想总有一道阴影甩不掉，"为了使你幸福，不仅得给你一点小痛苦，还得给你大痛苦，不仅得给你一时的痛苦，还得给你永远的痛苦"。

现在你的心中多了一些迷茫，答案呼之欲出。是的，十全十美的人生并不存在。苦不尽，甘常在，生活本来如此。如罗素所说，参差多态，乃是幸福本源。

那我们能做些什么？

我能想到的是——活在当下。

活在当下不是遗忘过去，无数的过去组成了现在独一无二的你，记住过去

才能更好地立足当下。活在当下不是无视未来，未来是前行的方向，人生不能失去灯塔。活在当下也不是得过且过，我们应该拿出鲁迅先生笔下的"过客"精神，前方的终点即便是"坟"，也绝不气馁、绝不放弃，"目光向前""不停地往前走"。活在当下更不是贪图享乐，一味地寻求快乐便掉入了快乐的陷阱，真正的快乐不需要被追寻，认真对待当下，快乐随之而来。

一、活在当下就是对自我的接纳

我们通常可以很容易地接纳自己的积极面，如自信开朗、聪明勤奋、勇敢顽强、相貌出众等，但很难客观地接纳自己的懒惰、拖延、自私、自卑、虚荣、愤怒……学会接纳自己的不完美吧，接纳家庭的不完美、生活的不完美，带着"裂缝"上路，接受自己的有限，再走出自己的有限。

二、活在当下就是活在真实中

晴天，抬头看看头顶的云是怎样变化着形状。雨后，深深吸一口气，感受一下空气与平时是否不同。吃饭的时候，放下手机，好好感受食物的味道，爱吃的和不爱吃的都尝一尝。从虚拟的社交回到真实的关系中，关心身边的事，关心具体的人。

三、活在当下就是活在责任与义务中

曾有一个学生父母离异，母亲不幸查出癌症时已是晚期，最后一年里她一人陪伴护理，直到母亲离去。她说了一句话，我印象很深刻。她说"妈妈一个人带我长大，现在也该我陪她了"。活在当下，就是认真完成该做的事，承担责任，承担义务。

回到我们开头提到的老太太。太阳高高升起的每一天，只要还能下床，老太太便扶着桌椅和墙壁，一步一挪，缓缓地走出黑暗，走过"裂缝"，走向屋外的温暖。如果今天那里天气晴朗，她一定也在阳光下，静静坐着。

你呢？今天该做什么，就去做吧！

个人简介

蒋杭玲，中共党员，浙江东阳人，现任旅行服务与管理学院学工办主任。曾获"就业工作先进个人""优秀辅导员""科研新秀""党建思政论文一等奖"等荣誉，省级立项及荣誉若干，主持厅局级课题2项。校级课题5项。

阳光路上，开心就好

金明磊

前两天一位同学向我抱怨："金导，网上说长得漂亮的叫青春，长得丑的叫大学，像我这种就只能叫作大学了。"他的言语间充满了黯然，似乎大学生活和长相挂钩，没有光鲜外表的普通人就只能在人生最灿烂的大学时光里黯然失色。

我问他："那什么叫青春？"他一时语塞，不知怎么回答我。

阳光路上，大学时光；似水流年，最美青春；大学究竟是什么？究竟怎么过？

大学就是爱过、恨过、奋斗过；哭过、笑过、努力过。它无关美丑，只关本心。

爱他就大声说出来。成功与否在缘分，是否表白是本心。像金导一样，用才华去吸引对方，不要考虑金钱、时间、未来那些与青春无关的东西；像金导一样用心去感受、去爱、去倾听，投入真情，必得回报。

有了目标就去奋斗。目标是什么？目标是一天背一个单词，是一天走一万步，是心中的小念想，是说出来的理想，是深藏心底的念想。想着念着就不会忘记他，就会像蜗牛一样，一步一步往前爬，在最高点乘着叶片往前飞，总有一天有属于你的天。

过了一会儿，这个同学小声嘟囔了一句："金导，你说这些我们都懂"。

我尴尬地挠了挠头，"其实，金导最想说的是，阳光路上，开心就好"。

唐代有位著名的"赵州和尚"，他有一句非常出名的禅语"且喝茶去"。当有人问他，禅师，这个问题怎么办，那个问题怎么解决时，他总是一句话：且喝茶去。喝完茶，似乎一切事情都解决了，这是赵州和尚的禅语。开心就好，是金导送给你们在阳光路上的禅语。

开心是拿得起放得下，不要因为一时的失败而常含泪水。可以哭，哭过之后要继续走。每当不开心的时候，每当哭过之后，每当有烦恼的时候，记得金导的开心就好，在心里默念一句"开心就好"。想开了，一切就简单了；想开了，一切就过得去了；想开了，前面的路就光明了。

开心是打开心扉，容纳世界，心有多大，舞台就有多大。金导不希望你们生活在自己的世界中，外面的世界那么精彩，要打开心扉，和大家交流。心里的话，和家人说说，和朋友说说，心里的苦和金导说说。慢慢地，你会发现，路上阳光灿烂。

我有个同事，他的QQ签名是"我要做一个正能量的集合体，来感染你们"。金导也希望自己是一个正能量的集合体，用自己的开心感染你们，希望你们记得"开心就好"。最后，一首诗，送给你们：

> 你不快乐的每一天都不是你的
>
> 你只是虚度了它
>
> 无论你怎么活
>
> 只要不快乐
>
> 你就没有生活过
>
> 夕阳倒映在水塘
>
> 假如足以令你愉悦
>
> 那么爱情，美酒，或者欢笑
>
> 便也无足轻重
>
> 幸福的人
>
> 是他从微小的事物中
>
> 汲取到快乐
>
> 每一天都不拒绝
>
> 自然的馈赠

个人简介

金明磊，男，曾任工商管理系辅导员，主要负责阳光工程，始业教育，安全，文明寝室工作。

假如我还能再上一次大学

刘　兴

我的大学早在 2014 年 6 月就结束了。现在回想起来，仍旧有许多的感动和不舍。

我感谢大学里出现在我身边的每一个人，我感谢大学中所遇到的每一件事。然而，我也确有很多遗憾未能完成，这也造就了今日的我，还有很多欠缺的地方，需要不断完善。

假如我还能上一次大学，我定不会辜负自己心中的那些梦想和信念。

一、好好读书，成为更好的自己

我常常问自己，读了那么多年的书，记住了多少知识？用到了多少技能？我现在非常后悔，在本该好好读书的年华里，懒惰、游戏、迷茫占据了我大部分的时间，连专业课程都没有考好，更别提读一些课外书籍了。

假如我能够再上一次大学，我定会向寝室的大哥和六弟学习，大哥喜欢哲学，六弟常读一些历史。假如我足够努力，我的新闻梦将不再只是梦。假如我那些年把喜欢的图书读上百来本，那么现在也不会常常有"书到用时方恨少"的悔恨。

假如我能够再上一次大学，我一定会按照入学初的愿望和理想，给自己制订一份人生规划。我会不断地拷问自己，我是谁？从哪来？去何处？为什么要学习？与我有何益处？该怎么学习？在既定的安排下，除了每天上课下课之外，读书算是最好的生活之道了。

我想我会读一些哲学类的书籍，试着从书中找到人们对灵魂追问的答案。我想我会读一些历史类的书籍，以史为鉴，方知今日之生活的来之不易，方知历来贤明将相都非一日可成也。可能我还想涉猎一点文学类的、艺术类的书籍。总之，读得越多越好。

我想成为更好的自己，不单单只是多读书，还要常思考，思考后还要去行动，去落实。不为别的，冲着那份理想不断努力，在人生的最好年华里，努力成就最好的自己。

二、参加有趣的活动，认识有趣的人

我想我至今后悔的事，应该包括大学里没能好好参加活动。

我很怀念我的青协，很怀念华姐、仕琪、润哥儿、禾禾、艳艳……

世事无常，我们无法决定未来的事情，但我们可以努力让自己做到最好，让事情的结果朝着自己想要的方向发展，虽有不足，但不再有悔。

如果我可以再上一次大学，我定将与我的小伙伴一起，把青协活动开展得更顺畅、更稳固，让更多的学生参与进来。我也会积极参加学生会的各类活动，特别是文艺表演，喜欢唱歌的我，虽五音不全，但我更注重的是能够站在台上，不再有汗水浸湿衣背的尴尬。我也会积极参加辩论比赛，不是要去和对手争个胜负，而是和腼腆的自己争个高下。我更会积极参与学院、学校组织开展的大型活动，不计报酬也不要恩惠的那种，因为大家在一起就已经很幸福了。

如果我可以再上一次大学，我也会和川哥、彬哥、刘源、凤鸽、东姐、亚鹏兄一起，组成学院最强大的支教队伍。他们打前站，我做后勤保障，我们还是要做"五块钱、七个人、一周的伙食"的艰苦奋斗之事，累、痛并快乐着，是我们永远乐观的源泉。

三、与自己的老师谈心，请教关于人生和学习之事

人与人之间，大概就是这样，相互理解、相互帮助、相互体贴，便可成为要好的朋友。老师和学生之间，也可以成为要好的朋友。正所谓"敬一尺，还一丈"之说也。

假如我还能再上一次大学，我会积极主动地去找蒋先生，说说自己的生活、学习和对课程、活动的一些看法，听听蒋先生博古通今式的指点，最爱的还是蒋先生幽默风趣的上课风格。我想我会积极主动找义哥聊一聊，因为他上课的风格也是我喜欢的那种，虽严肃，却能够从他的知识储备和讲授方式上，看出其无愧于西北 985 高校毕业的高才生的才华。

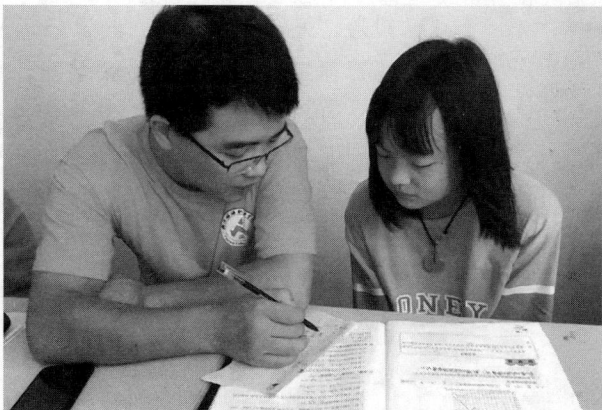

我想我还会去找找所姐，听听她的鞭策，为啥我的新闻写作迟迟没有长进。我想我还会去找找小马哥，跟随他学习报纸编辑排版的技术，或许以后还能混口饭吃。我更想找找韩冰老师和干瑞青老师，把没有弄懂的摄影摄像技术、后期剪辑技术再请教一番。

四、努力奋斗，不辜负没有虚度光阴的自己

如果时间可以重来，我想当年的南京会成为我的最爱，南师大的校友名录里也将会有我的名字存在。

想过无数次，如果自己当年在专业课的复习上，能够再努力一点，再多掌握一点专业知识，那么在研究生复试的时候，就不会出现卡壳的情况。如果自己再努力多学一点英语，就不会连六级考了七次都没考过。如果我再努力一点，想考个博士也不是问题。

然而没有如果，一切不可能重来。有人说，你可以辞职去重新考一次呀。我想，我不是没有那个魄力，而是我知道，即使我真的再读一次大学，那也将不是我想要的大学。有得、有失、有成功、有遗憾，我的大学早已结束。

所有的人和事组成的画面，在脑海中反复地播放，逝去的日子，给予我们最有意义的应该是珍惜和奋斗，而不是浮躁与荒废。

我想，我已经明白"互融为和、克己为礼、业精于勤、功成于进"的意义了。这应该是对我的大学时光最好的诠释。

个人简介

刘兴，男，山东滕州人，中共党员。2017年毕业于江西理工大学马克思主义学院，研究方向为马克思主义与当代中国社会、思想政治教育。曾获学校第四届辅导员技能大赛优秀奖、"青春向党"理论宣讲比赛优秀奖。

亲爱的，你找到自己的时区了吗

时忆宁

亲爱的你：

　　思来想去，我还是想写一封信，送给亲爱的你，也想写给我自己。

　　辅导员工作五年，经常会遇到学生来向我"诉苦"，比如"不知道毕业能不能找到一个好工作""我真怕考不上专升本""室友们都已经面试上航空公司提前离校了，我还没有落实实习单位"……

　　每当这种时候，其实我内心都很欣慰，因为只有想变得更好的人，才会因此焦虑。至少亲爱的你，是一个懂得上进的人呢！

　　面对同学们的焦虑，我总是会想到我自己，曾经的我也经常很焦虑。

　　上大学的时候，我学习的是英语专业。我的英语基础不好，选这个专业只是觉得会外语的人很牛。我曾天真地以为进入大学后大家都在同一起跑线上，殊不知基础好的学霸们大一就能用英语与外教沟通自如，而我只能尴尬地在一旁听得云里雾里。

　　记得第一次综合英语课，老师问我，你的名字很特别，能不能跟大家分享一下父母为什么给你取这个名字？我当时真的很想用英语表达，可我愣是一句话也说不出来。第一次期中听力测试，我也是班里少数几个没有及格的。是的，真的就那么差劲。那段时间，我真是焦虑到经常晚上睡不着觉。

　　怎么办呢？我想我必须行动起来，哪怕只是先完成一个小目标。于是，我每天早晨六点钟起床晨读，晚上自习到九点半回寝室。夏天的时候，躲在学校小树林里晨读，被蚊子咬得满身是包；为了找一个有空调的自习教室，一大早就跑去占座。确实，我觉得读书真的好苦。

　　就是这样，当我的同学已经在考六级的时候，我还在奋斗着我的四级考试；当他们已经能够自信地参加演讲比赛的时候，我还在磕磕巴巴地摆脱我的哑巴英语。直到大三，我终于发现自己好像能够听懂老师上课，也能用英语流利地表达了。我从班级的中下游追赶到能拿二等奖学金，虽然相比那些学霸同学没什么了不起，但我自己很满足。那两年，我也没有像开始的时候那么焦虑。

我想，每个人完成目标的过程当中，都有自己的节奏，落后了就跑快一点，跑偏了就变道再步入正轨，只要别轻易放弃，停下脚步。

最近，我在微信朋友圈读到这样一首小诗，很想与你分享：

纽约时间比加州时间早三个小时，

但加州时间并没有变慢。

有人 22 岁就毕业了，

但有人等了五年才找到稳定的工作！

有人 25 岁就当上 CEO，

却在 50 岁去世。

也有人直到 50 岁才当上 CEO，

然而活到 90 岁。

有人单身，

同时也有人已婚。

奥巴马 55 岁就退休，

川普 70 岁才开始当总统。

世上每个人本来就有自己的发展时区。

身边有些人似乎走在你前面，

也有人看似走在你后面。

但其实每个人在自己的时区有自己的步程。

不用嫉妒或嘲笑他们。

他们都在自己的时区里，你也是！

生命就是等待正确的行动时机。

所以，放轻松。

你没有落后。

你没有领先。

在上帝为你安排的属于自己的时区里，一切都准时。

所以，亲爱的你，不要那么焦虑，也别着急自我否定。我遇到过一个男生，面试了十几家航空公司，终于成了一名乘务员；也遇到过一个女生，专升本没考上理想的学校，本科时凭借努力最后考上了心仪学校的研究生；当然不乏一开始就找到好工作、考上好学校的幸运者。

　　要相信，努力为目标奋斗，总会有一个令自己满意的结果。我想大约每个人的人生都有这样一个过程，有时候快一点，有时候慢一点，只要找到自己的时区，一切都不会晚。

个人简介

　　时忆宁，女，中共党员，硕士研究生，2012年8月毕业于瑞典克里斯蒂安斯塔德大学英语专业。曾获第五届浙江省高校辅导员职业能力大赛一等奖、第五届全国高校辅导员职业能力大赛复赛三等奖、2015年浙江省大中学生暑期社会实践活动优秀个人、第七届浙江省高校辅导员工作论坛案例评审三等奖、学院第四届教师外文大赛一等奖、学院2016年度党建宣传思政优秀论文一等奖、学院首届辅导员职业能力大赛一等奖等荣誉。

"寝室"那些事儿

王海瀛

临近期末，很多同学来找我说："老师，我想换寝室。"每一个期末，我都要跟有同样困扰的同学们进行沟通。今天，我想借这个机会跟大家聊聊"寝室"。无关寝室卫生、无关违禁电器，就聊聊寝室的生活。

大家都说大学就是社会的缩影，没错，大学就是大家即将进入社会前的最后一次实习。在大学里遇到的问题，很有可能就是进入社会你将要面对的考验。如果在校园里遇到了问题，请不要慌张，这只是进入社会前的演练。处理好了，将收获一份答案；处理不好，将收获一份经验。

寝室对于我们来说是什么？一个休息的地方、一个交朋友的地方或者是一个家。

在寝室不到 30 平方米的空间里，挤着 6 个不同性格、不同成长环境的同学，大家相聚就是一种缘。你们会一起约饭；一起占座；一起玩闹，毕业后一起做孩子的干爹、干妈；约定了结婚时不送份子钱；说好了 10 年、20 年、30 年要聚一聚。

寝室不是可以任性的家，没有人会迁就你。

情感的付出都是双向的，只有每一个成员都付出了，寝室的生活才会和谐。

一、不要忽视他人的存在

被忽视是一种很难受的感觉，学会关注身边的人。在寝室里不要因为被被子挡住了就认为他（她）不存在。

二、生活中要有仪式感

室友不是父母、亲人，不会记住你所有重要的日子，这种时候伤心不可避免，学会自我调节，主动去沟通，聊一下今天是什么日子，提议出去嗨一下。重要的日子在一起庆祝，时不时出去撮一顿，看一场可以大哭或大笑的电影，去 KTV 狂吼几个小时，不失为联络感情的好办法。

三、沉默会让别人觉得你孤僻

也许你会在某些时候觉得融不进舍友间热烈的气氛，又或许你干脆在宿舍内不说话，保持沉默，在心里以为沉默可以避免不必要的争端，隐藏心中的孤独。可双向看来，其他人会觉得你很孤僻。或许每个人的价值观和笑点不一样，尝试着融入，在适当的时间插入几句缓解一下自己的尴尬。

四、每个人都有心情低落的时候

每个人都会有心情低落或者生病不舒服的时候，进门后请仔细观察，不要大声地吵闹喧哗，甚至与其他人一起玩乐。在极其艰难的时候承受来自自己与外界的双重压力很令人难过。如果不能在第一时间送上关怀，也请留一个安静的空间。

五、"坦白说"与"人生若只如初见"

我们时常会感觉第一印象或许并不是那么准，第一印象只是表象，时间一长会暴露各种问题。寝室中生活习惯的摩擦、不经意的忽视等鸡毛蒜皮的小事，积少成多很可能造成一次大的爆发。

武汉某高校因舍友打呼噜而引发的砍伤事件、上海某高校因生活作息不一致引发的投毒事件，类似这些不和谐的寝室生活会给我们造成心理上很大的困扰。

解决生活中小事的最好办法就是"坦白说"，与其憋在心里倒不如一次性全说出来，共同商讨。没有说出的话，别人永远无从得知。

如果在某个阶段发现周围的事物都不合心意、很累的时候，就请回想彼此第一次见面的情景吧，初见时的小心翼翼，相互谦让，彼此还是很美好的样子，从头再来一遍。

个人简介

　　王海瀛，女，中共党员，2015 年 3 月毕业于中国计量学院马克思主义学院，现任旅游外语学院辅导员，主要负责奖助贷、公寓管理。

做自己的光

吴　珊

一、关于"一个人"

正在体验大学生活的你，是否都有过这样的经历：一个人在图书馆看书，一个人在食堂吃饭，一个人逛街买衣服，刚开始无法接受，觉得自己应该拥有一群好朋友，一起去干好多疯狂而美好的事情。因为，那才是青春的样子。但是真实情况是身边的好多人并不都是成群结队的，有人喜欢一个人，有人习惯一个人，一个人好像也还行。无论你是否愿意一个人，慢慢长大以后发现，所有的悲和苦，喜和乐都变得要我们独自去承担。

我想说：有些路也许只能一个人走，有些话也许只能说给自己听，有些经历也许终将变成故事，有些勇敢也许在无形中已经拥有。我们之所以感到孤独，是因为想要成长。成长是一件值得我们慢慢咀嚼的好事情！

二、关于"无力感"

大学中的你，有时候对生活顿感无力。无力去改变还来不及年轻就渐渐老去的容颜，无力地为了这样总得放弃那样，无力地承认自己一次又一次的失败，无力地接受自己的不完美……一个字：累。经常听到别人说：老师，我多想过自由自在、无忧无虑的生活呀？可是现实和理想的距离总是那么遥远。一天又一天，我们的青春被慢慢淹没在岁月深处，化成浅浅的回忆，一点一点地消失，这个世界一点都不美好，我们很无力，我们只能接受，有时候我们甚至感受不到生命的意义！

我听到这样的话，我多想去安慰他：每个人都有自己的不易和艰辛，没有人能逃得过人世的沧桑和磨难，对于无力改变的事，我们唯一能做的就是让自己静下来，让自己稳下来。

和大家分享一下朱德庸的漫画《跳楼》。一个漂亮的女孩子，觉得自己过得很不幸，终于有一天她真的决定从 11 楼上跳下去——以下是她看到的：

她看到 10F 恩爱着的阿呆夫妇正在互殴，她看到 9F 平常坚强的 Peter 正在偷偷哭泣，8F 的阿妹发现未婚夫跟最好的朋友在床上，7F 的丹丹在吃她的抗抑郁症药，6F 失业的阿喜还是每天买 7 份报纸找工作，5F 受人敬重的王老师正在偷穿老婆的内衣，4F 的 Rose 又和男友闹分手，3F 的阿伯每天都盼望有人拜访他，2F 的莉莉还在看她那结婚半年就失踪的老公照片。在她跳下之前，她以为自己是世上最倒霉的人，现在她才知道每个人都有不为人知的困境，她看完他们之后深深觉得其实自己过得还不错，所有刚才被她看的人现在都在看她，她想他们看了她以后，也会觉得自己其实过得还不错……

其实人的生活都是一样：每一个人的人生都不容易，每个人都有不为人知的困境。在觉得自己不幸的同时，也许别人比自己更不幸，所以要学会满足和珍惜……其实生活就是这样：很多东西都可能在无法控制的情况下瞬间消失……心是个容器，烦恼装太多了，快乐就没有空间装了，放一放，没什么大不了……接受这种无力感，让一颗波澜起伏的心在跌宕的岁月里平静下来。

三、关于"活得坦然"

在 33 心屋和好多学生谈过心，感同身受过各种情绪。抑郁、沮丧、焦虑、恐惧、愤怒……每一种情绪的背后都有真实的内心需求。我经常和学生探讨：我们想要的究竟是什么。其实，活得累也好，辛苦也罢，这些都不重要，重要的是活得坦然、活得真实。人生无论或好、或坏，记住：好好活着，骄傲地活着，精彩地活着。从你出生那一刻到死亡那一刻，没有什么东西是属于你自己的，你所经历的一切都是与众不同的，不可复制的。无论人生有多糟，我都相信：善良的人总会看见幸福的光，命运总会照顾努力拼搏的人，一米阳光潜藏心中，任谁也无法光失色。所以，无论你现在的生活是什么样子，不要在意太多，不要太纠结。好好地努力，好好地快乐，好好地坦然。

所以，亲爱的同学们，做自己的光，好好地坦然面对生活吧！

个人简介

　　吴珊，女，中共党员，硕士研究生，2016年6月毕业于南京师范大学心理学院应用心理专业。曾获浙江旅游职业学院第四届辅导员职业能力大赛二等奖。

躺平得了初一，躺平不过十五

徐千惠

躺平意味着低欲望，低追求，不竞争，满足于现状，前几年很火的"葛优瘫"就是躺平的一种表现形式。"两手一瘫，与我无关"，以完全无所谓的心态放任事情自由发展，这与之前火爆网络的"佛系"概念非常相似。

面对梦想，想都不想。

面对工作，得过且过。

面对挫折，命运的锅。

面对鸡汤，有毒不喝。

越来越多的大学生慢慢开始对学习、生活、人际交往甚至就业保持躺平的状态，以消极的态度向激烈的竞争"低头"，用躺平对应内卷。

一、学习躺平

不学习一整天难受，学习了难受一整天。步入大学后，每学期会有十几门课程，每年几乎都不重样，由于时间紧、任务重，老师们只能尽力把所有内容都过一遍。因此，大多数学生会发现自己越学越无力，不学习也不是，学习也学不进去，干脆躺平。

二、生活躺平

不少同学进入大学后"摆脱"了家庭的约束，独立自主地安排自己的生活，以至于经常出现"月初吃肉，月末吃土"的境遇。对自己的生活没有目标、没有规划，过一天算一天。

三、人际交往躺平

现在的大学生是千禧年后出生、成长的一代，每天手机不离身，在虚拟世界里畅游。但面对现实生活中的人际交往情境时，却力不从心，出现了"社交恐惧症"。因此，部分学生干脆选择"人际交往躺平"，保持人不犯我我不犯人的状态。

四、就业躺平

疫情暴发后，就业市场需求逐渐降低，部分学生发现就业岗位待遇与预期相差较大，会选择临时性的短期工作，导致"慢就业"现象产生。部分学生甚至不就业，他们宁愿在家躺平，也不愿意出门找工作，享受"啃老"的生活，对自己的职业生涯没有任何规划。

五、躺平得了初一，躺平不过十五——"反躺平"指南

社会发展迅速，当我们落在后面时，无尽的焦虑就追上了我们。那么，作为新时代大学生的我们，应该如何应对躺平、应对内卷呢？

第一，在内卷的社会中，应当看清自己的天赋和优势，以个人沉淀换取错位竞争。同时，在始终保持前进的姿态时，也应该抱着"也无风雨也无晴"的心态，以自己舒服的速度稳步前行。

第二，减少对他人的关注和比较，缓解内心的焦躁与不安，就算遇到风波，偶尔停一下也不要紧，战略性休整，而不是报复性躺平。

第三，提高个人核心竞争力。要保证自己的专业学习，上课认真听讲，课后按时完成练习，根据自身情况，制订学习计划并坚持落实。要强化自己的核心素养，学会时间管理、自我管理，找到自己的兴趣点并坚持下去。

第四，多交益友。大学期间是我们比较自由的一段时间，在这段时间里可以认识来自四面八方的朋友，相互学习，相互交流，增加自己的阅历，增加自己的见识，和朋友出去散散步，总比躺平在寝室的床上好得多呀。

最后有几句话分享给大家：离开温室的你们，就像刚刚开闸放出的水，正是新一波的后浪。大学对你们来说，是一个新世界，很有挑战性！在这过程中，你需要勇敢、正直、自律、坚持，当你累的时候可以躺平歇会儿，但可不能一直躺平啊！躺平得了初一，躺平不过十五！希望大家：

面对梦想，奋力追求；

面对工作，踏实肯干；

面对挫折，不惧不畏；

面对鸡汤，我干了，你也干了！

个人简介

　　徐千惠，党员，讲师。浙江旅游职业学院首届创新创业导师，艺术学院辅导员，负责就业、创业、校友工作。获 2020 年浙江省高校创业导师培育工程"优秀工作案例""优秀学员"称号；主持参与省部级课题共 3 项、厅级校级课题 10 项；带领学生获国家级、省级、市级各类创业大赛奖项近 10 次。

大学新生活

许　旭

不知你是否也曾听到过：

"好好学习，将来考个好初中。"

"好好学习，将来考个好高中。"

"好好学习，将来考个好大学。"

"等上了大学就轻松自由了！"

"考上大学才能在社会上立足！"

如果把初中、高中"三点一线"的生活比喻成笼子，进入大学就意味着飞出牢笼。

有人沉迷游戏，搞不清楚是自己在玩游戏，还是游戏在玩自己，机械地活在鼠标键盘前；有人"立志"要将小说、漫画、游戏全都补回来，把自己初上大学时的期望和想法抛在脑后；有人迷茫困惑，不知路在何方，对未来没有丝毫规划，被动等待"命运的安排"，实则随波逐流；还有的人不能适应大学的学习和生活方式，虽付出十分努力，却只有一分收获，逐渐失去了展开翅膀飞翔的勇气与力量。

"自己会成为什么样的人？"

"以后的生活会是什么样子？"

慢慢成为大家不愿去面对和思考的问题。

但问题一直会在那里，犹豫、踌躇，

不仅错失眼前，也会耽搁未来。

一、大学和社会对于你来讲是新的事物

人们常说计划赶不上变化，今日你所读的专业，所过的生活，所做的选择，也许并不是计划里最中意的那个，甚至连其中的一个也不是，但终究是你

经历一次次奔跑、跌倒，再次奔跑，努力而形成的。

如果你面对大学、社会这个新事物，感到困惑、迷茫，无所适从，一时无法找到新的目标，无法找到自我的准确定位，对过去的自我、理想的自我开始怀疑，甚至打破了先前对大学生活所怀有的浪漫幻想，丧失信心，斗志削减，请你无论如何还是要去直面它。

大学、社会这两个新的事物会给予你新的生活方式，需要你用新的眼光去看待它，用新的思维去认识它，用新的目标去填充它，用新的准则去适应它。你需要在新的学校、新的环境、新的朋友、新的老师面前定义自己、证明自己，放下过去的包袱，忘掉曾经的苦涩与汗水，轻装前行；收好过去的成绩，珍藏起往昔的荣誉与光环，再上一个台阶。

当前进不了的时候，运气糟糕的时候，没有关系，不要紧张，可以当是短暂的休假。停下脚步，稍做思考，如果这是你目前最好的选择，就不亏，就可以坚持。

二、对于学校的同学和老师来讲，你也是新的事物

这个世界对新的事物是非常苛刻的，新的事物经常被随意评论，而且往往以负面评论见称，因为它更吸引眼球。也许你的想法还不成熟，无法实现，但其中的勇气和努力是这些平庸评论所无法比拟的。

不是每个人都会拥有美好的未来，但每一个人都有拥有美好未来的可能。你可以在学习过程中提升自身价值，打破大家对你陈旧刻板的印象，塑造自身可能，发现并挖掘自身才干，打造自身闪光点。

希望你可以有勇气挑战先入为主的观念，展现让人意想不到之处，带来更大的惊喜，同时收获更多的肯定和支持。

既然来到这个新的世界就开心地走一回吧，不要左顾右盼，不用不声不响，不是孤芳自赏，努力至今，就要干得更漂亮。

个人简介

　　许旭，男，中共党员，硕士研究生，2010年6月毕业于武汉体育学院体育教育训练学专业，第16届亚运会体育展示团队工作人员。曾获2014年度、2016年度浙江旅游职业学院"优秀学生社团指导教师"，第八届浙江省大学生职业生涯规划与创业大赛优秀指导教师，省旅游局系统2017年度"优秀共产党员"。

敢于对自己说声 "YES"

颜育众

今年是我工作的第三个年头，结识了许多学生，送走了第一个毕业班。有很多话想要叮嘱他们，有很多经验还没来得及分享，但是一转眼学生们即将踏入社会，剑未佩妥，出门已是江湖。借此机会，分享一个故事，送上我的期许。

多年前偶然在上课时结识了一个学生，他平时上课是班里的"刺头"，总喜欢和我抬杠，但也喜欢思考，让我在众多的学生中记住了他，渐渐地成为生活中的好朋友。一次偶然的机会，和他聊起专升本，以及将来的人生规划。对于当时早已沉迷游戏、荒废学业多时的他而言，专升本可能是他之前从未想到能和他产生关系的一个名词。他给我答案是："老师，我不行，我英语太差了，我考不上。"这句话在我工作期间时常在我耳边响起。

　　可能对于他而言，专升本实在是太过遥远，但是这一切是他了解了专升本考试内容之后下论断吗？当然并不是。我们的学生对一些未知的事物会带有畏惧心理，不愿意去了解、去尝试，更多是根据自己主观的判断，导致了误差和恐惧。几次深入地交流，一个月的思考，他迈出了第一步，从此一发不可收拾。从多年的游戏成瘾患者变成手机电脑中只有学习资料的好学生，从班级的落后分子成为图书馆的钉子户，最终他顺利地考上专升本的2本学校，今年还进入了浙大的研究生复试。

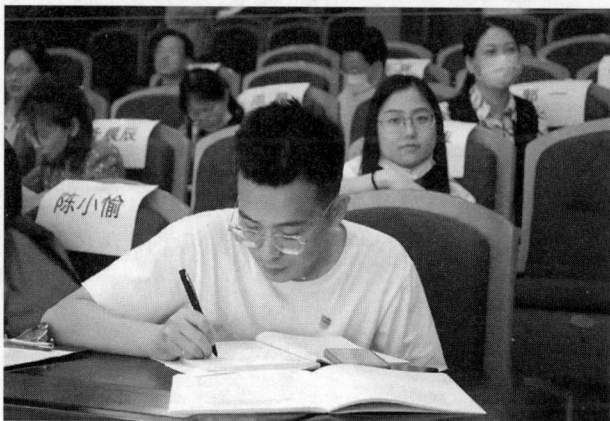

　　很多人可能会说这样的事情只是个例，很难复制。但这样的案例切实发生在我们的身边，而且越来越多。他正视困难的决心，克服恐惧的勇气，迈出第一步的决然，都值得我们思考和学习。通过自己的努力实现了高考英语30分

（满分 150 分）到考研英语 65（满分 100 分）的跨越，从专科生到研究生的转变，完成了一次华丽的转身。

当下社会物欲横流，导致我们太过于计较得失，束手束脚，不愿迈出第一步。认识现状，正视成功和失败，勇敢迈出第一步，深入了解事物的内涵，不断学习，不断总结，一步步改善。学生时代的失败可能只是失去时间，但是在实践过程中我们都在不断收获，而最大失败是瞻前顾后、停滞不前。认真审视你的当下，找出你目前回避的各种问题，并且从现在起逐步消除自己的畏惧心理。拖延时间意味着在当下为将来的事情而忧虑。如果你把将来的事情转变为当下，这种忧虑心理必然会消失。你解决问题的方法就是从现在开始！立即采取行动！妨碍你采取行动的完全是你自己，因为你以前不相信自己的力量，做出了一些错误选择。你看，这多么简单——对自己说声 "YES"，去做就行了。

个人简介

颜育众，男，浙江温州人，2018 年毕业于浙江理工大学。2017 年 5 月入职浙江旅游职业学院，任旅行服务与管理学院辅导员。曾被评为 2019 年优秀党员，2019 年工会积极分子，主持院级重点课题一项。

"闲"话

姚镭栓

一、忙里偷闲

对不起，我很忙，没时间。

这不是推诿的借口，大部分中国人确实太忙了。小学生忙兴趣班、中学生忙升学考、大学生忙找工作、毕业后忙赚钱养家，忙得没时间思考，忙得只能等退休再享受生活。国外要花数年才能竣工的工程，我们只需要数月。GDP 高速增长的背后，是一个个忙碌的身影，披星戴月、日夜兼程。

这说明，我们是一个勤劳的民族，勤劳是我们的传统美德。

我的妈妈就是一个特别勤劳的中国妇女，在外是好老师，在家是好媳妇，受过良好的教育，通情达理。要一定说她有什么缺点，·那可能是太忙了。她似乎从来不会给自己减压，焦虑使神经高度紧绷，经常失眠。有寒暑假的她却总是无视我带她出去旅行的请求，固执地留给我一句话，"等我退休后再说吧。"但我知道，依照她忙碌的性格，退休后她依然会给自己找忙不完的事，我很沮丧。我希望妈妈能停下来休息休息，享受享受生活。

忙是什么？中国古人在造字的时候就定义了忙的含义，那是"心亡"啊！在你埋头紧张做事时，你的心，累死了。心亡了，人就变成了工作的机器，如何感受生活的幸福？

再忙，也要停下来喝杯茶、听支歌，挤出时间看本书、发会呆，忙里偷闲做自己喜欢的事，让灵魂自由奔走，为生活增添情趣，如此方能活成一个生动有趣的人。

二、有趣的"闲"人

说到有趣，我想起大学期间参观某知名 IT 企业的经历，就是在那里，我刷新了对有趣工作的定义。印象最深的是一家设计公司，办公环境甚至"休闲"得令人发指。屋内弥漫着咖啡香，木工电钻随意摆放，书摞得比人还高，抬头看自行车用滑轮挂在天花板上，回头望童话世界中的后花园郁郁葱葱，还有滑梯等新奇玩具，让人误以为是进入了一个幼儿园。直到看到这里写满各式奇思妙想的黑板和摆满光辉历史的陈列柜时，我才意识到这一方小天地承载的伟大。

真是一群有趣的"闲"人！我发自内心地由衷感叹。

伟大的创造需要轻松的环境，让想象力天马行空。奇妙的灵感需要用心思考，允许无意义的发明产生。这些"无用功"的重要性是从小习惯参考标准答案的我们很难理解的。

这些年，我们国家的科技在飞速发展，越来越重视创新，但我们始终不太愿意使用"休闲"的方式来激发创造力。我想其中一部分原因是我们太着急了，要求缩短周期、节约成本、加快回报，急功近利会导致模仿、山寨、剑走偏锋，心浮气躁会将许多优秀的创意扼杀在摇篮里。

同学们求学亦如是，在如饥似渴地汲取现成知识的同时，要学会给自己的头脑多一点自由奔走的时间，吸收、转化，形成自己的新思想，如此才能成为一个与众不同的有趣的人。

三、做一只特立独行的猪

有的同学看到这句话，不高兴了："老师你怎么骂人呢？"可我却要说，我非但没有骂你，还抬举了你。王小波笔下那只"特立独行的猪兄"是我的偶像，它从不被自己的猪身份所限制，有"独立之精神、自由之思想"，敢于挑战权威，敢于为自己的理想生活而反抗。别的猪一生忙着吃、等着被吃，他却看风景、追爱情、思考猪生，拒绝随波逐流，活成了一个真正的勇士。这样的独立自由，我们很多人都做不到呢！

我们习惯于先听别人怎么说、看别人怎么做，缺乏所谓的"独立之精神、自由之思想"。大家都在"吃鸡"，你也"吃鸡"，同学都在做微商，你也做代购，网上说某作品抄袭，你也附和着这么说。如此瞎忙活，活成了别人的影子。

余光中在《写给未来的孩子的诗》中写道："你是一个独立的人，没有人能抹杀你的独立性，除非你向世俗妥协。"但是不向世俗妥协也有一个前提，那便是独立理智的自我。如果愚昧无知还不听劝，也就是一头犟驴罢了。

那么如何做到独立理智呢？我想，还与"闲"字有关。

像海绵一样给自己挤出一点悠闲时光，看闲书、做闲事，丰富阅历、拓宽眼界，慢慢学会抒发己见，才能理直气壮地向压迫你的世俗抗议，又或者云淡风轻只管活出精彩的自己。

永远不要成为别人思想的附属品，不要让手机把你变成奴隶，忘记自己为何出发。

个人简介

姚镭栓，旅游规划与设计学院学工办主任，2014年5月入校工作。浙江省文旅系统青年宣讲团成员、浙江省"课说思政"名师辅导员工作室成员，入选首届浙江省名师辅导员成长引领计划。曾获浙江省"高校辅导员年度人物"提名、浙江省辅导员职业能力大赛二等奖、浙江省高校网络教育优秀作品一等奖、浙江省辅导员工作案例二等奖等荣誉。

如何正确处理好人际关系

张 军

如何正确处理好人际关系？

有这样一个故事，讲的是一个动物园买了两只狼的幼崽，饲养员突发奇想将小狼崽关进猴子的笼子里。狼虽然很小，但它毕竟是狼，野性十足，时常露出它们的尖牙利齿，吓得猴子们尖声怪叫，东躲西藏。

等小狼崽长大一点，它们就尝试着跳起来吓唬猴子，却够不着躲在笼顶上的猴子。聪明的猴子也没有闲着，趁着狼休息的时候向狼发起进攻，它们一有机会就猛地跳下来，对着狼身上咬两口，咬完就纵身一跃跳到笼顶上躲起来。如此反复多次，见狼无计可施，猴子的胆子也就更大起来。两只狼崽被猴群一波又一波的进攻搞得整日无法安心入睡，有一只狼的耳朵甚至都被撕裂了，万般无奈之下，两只狼只好向猴群"俯首称臣"。猴子也意识到一直这样与狼闹下去对自己也没有好处，于是双方达成了和解。更有意思的是，此后天冷了，猴子还可以和狼睡在一起取暖。

在这个故事里，猴子和狼因为关系紧张搞得彼此身心疲惫，后来通过和解实现了和睦相处。同样地，在我们的大学生活中，也会有一些同学会因为人际关系处理不好而感到困扰，今天，我就和大家一起分享几种改善人际关系的小方法。

一、学会善待他人

法国作家雨果说过："人的一生最重要的品质是善良。"善良是初春的细雨，时刻滋润着他人的心田；善良是盛夏的荷花，散发着淡淡的幽香，善良是一双有力的手，在你最无助的时候会给你莫大的帮助。作为大学生的我们应该清楚地认识到，在我们人生的各个阶段，我们每个人都可能会遇到这样那样的困难，有些困难我们可以依靠自身的努力克服，有些困难我们凭借一己之力很难克服，这时候他人给予的帮助就显得格外弥足珍贵。因此，生活中，当别人需要帮助的时候，我们应该毫不犹豫地施以援手，为他人提供力所能及的帮助。同样，如果哪天你遇到了困难，别人也会倾尽全力来帮助你。

二、学会宽容

古人说：人非圣贤，孰能无过？意思是普通人不是圣人，谁又能保证自己不犯错呢？我们只有懂得了这个道理，才会在别人犯错时体悟被批评者的内心感受，善意委婉地提醒犯错人，这样不仅能阻止犯错者继续犯错，还能收获别人的信任。应该说，宽容不仅是一种人与人交往的艺术，更是一种人格涵养的体现。

三、加强与他人的沟通

沟通对于每个人来说是至关重要的，它不仅能够帮助自己通过他人认识这个世界，同时也可以拉近人与人之间的距离。多一些沟通，就会少一些烦恼，多一些沟通，就会少一些误会。

沟通其实也没有那么复杂，甚至不需要用多么华丽的辞藻来表达。在与他人的交流中，我们可以大胆地表达自己的意见，也要学会倾听他人的意见，相互学习，相互提高。只要你足够真诚，一个微笑、一次握手、一个温馨的问候都可以让别人感受到你的热情，这就足矣。

个人简介

张军，男，中共党员，2013 年毕业于安徽师范大学应用心理学专业，国家二级心理咨询师。2017 年 2 月入职浙江旅游职业学院，任工商管理学院思政辅导员。主持院级课题 2 项，曾获评 2018 年度、2020 年度"优秀辅导员"，2020 年度就业工作先进个人，2020 年度心理育人优秀工作者。

"卸下焦虑的重担"是一门大学必修课

周永青

必修学分一：焦虑是什么

焦虑，是对亲人或自己生命安全、前途命运等的过度担心而产生的一种烦躁情绪，其中包含着急、挂念、忧愁、紧张、恐慌、不安等成分。

有些人因遗传的原因造成生来就属于神经质人格类型，这类人的心理素质本身官能性较低，遇到事情即一触即发，造成焦虑情绪。

有些人自信心不足且胆小，因此，面对轻微挫折或身体不适就容易紧张，造成焦虑情绪。

"互联网＋"的时代中，事物急速更新迭代，过快的生活节奏，"怕落后"的思想压力极易造成焦虑情绪甚至是诱发焦虑症。

在资源竞争日趋激烈的今天，我们为了获得更多的社会认同及资源，会对工作、生活、健康方面追求完美，从而引发焦虑情绪。

对大学阶段而言，诸如"课程学习挂科""寝室人际交往困难""突发安全事件""男女交往情感问题"等实际问题，都可以引发大学生的焦虑状态。

必修学分二：焦虑正常吗？

首先，老师想先入为主地告诉大家："我们每个人都会有焦虑情绪，它是人体自身的保护机能，我们无须排斥，也无法排斥，焦虑情绪其实很正常。"

心理学家通过大量的实证调查和回归分析，得出以下结论：受调查者所有产生的焦虑情绪中，40%属于对没有发生过的事的焦虑，也就是说我们会为未来有可能出现的坏结果而在今天"埋单"，而这些结果很大程度上不会发生；30%的焦虑情绪是对已经发生的事情而焦虑，但往事已经随风，手抓羊肉可以有，手抓空气不可求；16%的焦虑情绪是我们无法把控的事情，经典案例："杞人忧天"。

重点来了，只有4%的焦虑来源于当前的困境。从这个方面讲，绝大多数的焦虑情绪都只是人生中很少的一部分情绪体验。

必修学分三：焦虑了怎么办？

（一）合理人设，接纳自己

分析一些大学生案例，成绩较好的学生容易将自己想象得特别优秀，因此很多时候，成绩好的学生比成绩一般的学生更容易产生心理问题。

互联网时代，各种信息充斥生活，我们总想着去证明自己的优秀，一旦遇事不顺，极易产生失落感和挫败感，焦虑随之产生。

事实上，人不可能成为每个领域的金字塔尖，做超出自身能力的事情终将使自己身心俱疲。所以，合理设定人生目标和自我定位，懂得接纳自己的不足，也是人生必修课。

（二）学会倾诉，宣泄情绪

A同学在向心仪的对象表白后被拒绝，产生焦虑情绪。这种情绪的产生原因通俗地讲就是"放不下"。其实，同学心里明白得很，表白被拒绝很正常，但是就是放不下，甚至无时无刻都感到痛苦和焦虑。

A同学问我："老师，我失恋了，我很痛苦，我很焦虑，我好难受，怎么办？"

我没有讲任何大道理，因为其实这些道理他都懂。我在这个案例中扮演了一名倾听者的角色，因为我知道他只是在找一个情绪宣泄的管道而已。讲着讲着他就哭了，哭着哭着，他就舒服了。

（三）放下执念，寻找代偿

现实生活中我们容易钻牛角尖，会反复纠结一件事，执念上身，焦虑旋即尾随而来。

越焦虑越无法集中精神思考，造成恶性循环，所以，在这个时候放下执念，寻找代偿活动不失为一个非常好的方法。

例如：做点自己喜欢的娱乐活动，听听歌、打打球、吃吃鸡、尝尝美食、压压马路等，不管用什么方式，能使自己注意力得到转移，就是好的方法。

对于老师来说，心情不好或者工作不顺的时候，我会找个清静地方，坐下来并且闭上眼睛做 10 分钟深呼吸，效果相当不错，与同学们分享。

最后，弱弱地问上一句："一名非专业老师分享的心理知识，大家的学分是否都能拿到？"

本文特献给曾经在社团招新、部门招新等活动中落选的同学们，挑战自我，你们也是好样的。

大学生活很丰富，

没有录取别发怒。

焦虑存在很正常，

图书馆里我常驻。

个人简介

周永青，男，中共党员，硕士，毕业于杭州师范大学，现任工商管理学院学工办主任，主要负责就业工作。

第二辑

以梦为马　点亮人生

下一站，期待遇见更好的自己

陈雪燕

四季流转，万物自然，又是一年春来到，我们相聚在阔别已久的旅院。回顾过去的 2021 年，我们怀着无比悲痛的心情，送走一稻济世、万家粮足的袁隆平爷爷；我们怀着无比激动的心情，见证着托起飞天之梦的载人航天事业书写航天传奇；我们怀着无比澎湃的心情，迎来了伟大、光荣、正确的中国共产党的百年华诞；我们怀着无比坚定的心情，面对反复无常的疫情，万众一心牢牢筑起抗击疫情的全民防线……

新学期新起航，我们挥挥手作别过往，展开双臂迎接新的开始，同学们是否会有新的目标？去遇见更好的自己？

遇见更好的自己，要常怀感恩之心。去年冬日，一篇清华大学贫困学子《每月生活费仅 300 元，从受助到助人》的自白，刷屏了朋友圈，一时间压过了所有娱乐热搜。"因为自己淋过雨，所以想为他人撑伞"，全文措辞真诚、温暖且治愈，见证了一个寒门学子自强不息、心怀家国、感恩奋进的优秀品质。

在厨艺学院，有一位 W 同学，是受资助学生群体中的一名孤儿学生，在校期间，他通过自身的不懈努力，目前已获得近五万元的奖助金额；实习期间，身为退役军人的他，为了更好地回报社会，开启了为退役军人提供创业就业机会的服务，荣获了杭州市西湖区人民政府文新街道办事处颁发的"退役军人创业先锋"荣誉称号，实现了从受助学生到济困助学的能力提升和自我发展的实质性转变。提及大学生活，他最多的话语就是"感恩在旅院的学习生活，感谢党和国家的培养"。常怀感恩之心，让旅院阳光伴随我们茁壮成长。

遇见更好的自己，要勇于担当责任。2020 年年初，来势汹汹的新冠肺炎疫情给整个华夏大地蒙上了一层阴影，我的大学同学谢东是湖北省汉川市市场管理局的一名基层工作人员，当时身为预备党员的他在大年初二便义无反顾地赶往汉川市的一个乡村，进行驻村防疫工作。工作根据地就是图片中这顶临时搭建的简易帐篷，这是一顶搭在村子唯一进出口的帐篷，他必须 24 小时值守在这顶帐篷内，另外，他每天还需要与当地工作人员一起负责两千多位村民的体温测量、为全体村民提供日常生活用品。整整 60 天，在全年气温最低的两个月，他坚守在阵地没有休息过一天、没有回过一次家，而他自己才新婚不到一年，孩子出生还不满半岁。然而，最触动我的是当工作结束之后我问他：作为这场战"疫"的全程参与者，自己最大的感受是什么？他只回答了我四个字：职责所在！

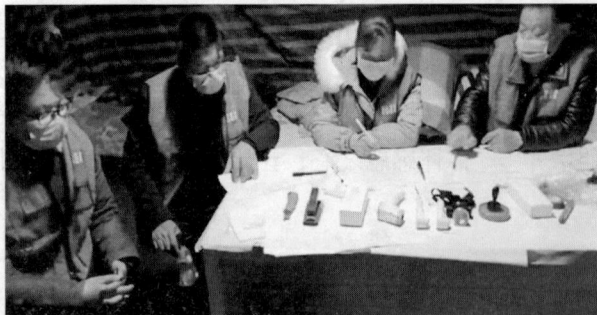

守一方土，担一份责，这便是他的责任与担当。2019 年 4 月 30 日，习近平总书记在纪念五四运动 100 周年大会上向全体青年发出号召："新时代中国青年要珍惜这个时代、担负时代使命，在担当中历练，在尽责中成长。"我们是生在新中国长在国旗下的新时代青年，璀璨青春，风华正茂，更应担起时代使命，不忘初心，牢记教诲，让青春之花绽放在党和人民最需要的地方！

遇见更好的自己，要活出更好的自我。很多同学对于"喜欢的人不喜欢我，该怎么办？"有着深深的疑惑，西南大学园艺园林学院李金华教授走心解读道："喜欢一只蝴蝶，不要去追它，你应该去种花、种草，等到春暖花开，蝴蝶自然会飞回来。"通过李老师分享"蝴蝶与花"的爱情观念，使我们更加深刻地懂得"你若盛开，蝴蝶自来"的道理。所以，亲爱的同学们，学着做自己，学会优雅地放手不属于自己的，努力活出自我，去拥抱更好的自己吧。

更好的自己是铭记，是镌刻过往的点滴，展现更多元的成长印记；更好的自己是进步，是不断超越自己，追逐更广阔的星辰大海；更好的自己依然是你自己，是那个恪守初心，活出自我的自己……时光推动着我们不断向前迈进，也激励着我们踏上更高的台阶，愿每上一个台阶，都能遇见更好的自己。

个人简介

陈雪燕，女，中共党员，浙江金华人。2018 年毕业于浙江工业大学，硕士研究生，现为浙江旅游职业学院厨艺学院辅导员。主持校级重点课题一项，主持浙江省教育发展中心一般课题一项。

花开在春天，读书在少年

顾文兵

一、花开在春天，读书在少年

"春眠不觉晓，处处闻啼鸟。夜来风雨声，花落知多少。"孟浩然的《春晓》想必是所有人还在咿呀学语时就时常听妈妈念叨的一首古诗，这首诗抒发了诗人热爱春天、珍惜春光的美好心情。古人对春天总有诉说不完的喜爱与感叹，归根结底在于春天是万物复苏的季节，世间万物的希望和美好都由此开始。古人尚且如此，作为新时代的年轻人更应该在春天展现朝气蓬勃，充满阳光的一面，把有限的精力投入无限的学习中去，投入能带给我们无穷知识的书本中去。

二、春日读书好时节

"一年之计在于春，一日之计在于晨。"这句谚语想必大家都耳熟能详了，那为什么说一年的开端在春天，我们要在春天好好读书，认真学习呢？其他季节我们就不需要刻苦努力了吗？回答肯定是否定的。春天被视作一年四季的开端，开端蕴藏着未来一切的希望，春日里，那汹涌澎湃的花潮，那郁郁葱葱的田野，都是为能在秋天结出累累的硕果做准备。花草树木如此，人亦如此。春天对于花草树木来说非常适合生长，对于人来说，更是一个适合读书学习的季节，它不似夏天那样干燥炎热，不似秋天那样冷清，也不似冬天那样寒冷，它是一个生机勃勃、充满活力的季节。在这样舒适惬意的环境中，我们能更好地投入书本的学习中去，汲取书中的养分，在新年伊始就能茁壮成长，待春日离去，或酷热或严寒，一定程度上都会影响我们的学习热情和学习进度，因此，春日是使人能够快速进步的一个季节，我们一定要伴随着春日的脚步，沐浴春风，汲取甘霖。

三、年少不悔读书迟

阅读 悦心 约未来
博览滋养心智
阅读精彩人生

"莫等闲，白了少年头，空悲切！"岳飞这句诗可谓是规劝年轻人勤勉读书的典范，一年四季中，春季是最适合读书的季节，那么人的一生中最适合读书的是哪个阶段呢？很显然，青少年阶段是读书学习，快速获取知识最好的年纪。青年人多读书，读好书对自身的身心健康和人生发展都是大有裨益的。读书对青年人来说有哪些好处呢？第一，读书能开拓视野，摆脱定式思维。在读书的过程当中，我们无形之中会以作者的视角去观照作品，在作品中联系自我，从而使自己的眼界更加宽阔。第二，读书可以增加一个人谈吐的质量和深度。读书，可以让我们掌握知识，而知识就像呼吸一样，吐纳之间，可以看见人的气质与涵养。第三，读书能使青少年树立正确的人生观、价值观、世界观。青少年时期是人的三观养成的最重要阶段，这个阶段能读好书，受到正能量的熏陶，就能树立起正确的人生观、价值观和世界观。

青少年们，让我们珍惜这大好春光，珍惜生命中最绚丽的年华，去拥抱书本的温暖，去徜徉知识的海洋，让青春无悔，让生命无憾！

个人简介

顾文兵，男，江苏海安人，中共党员，教育学硕士。2020年毕业于南京航空航天大学外国语学院。2021年9月入职浙江旅游职业学院，现为浙江旅游职业学院艺术学院思政辅导员。

2022 年，你准备好了吗

林昕玥

2021 年，有些同学拿到了奖学金、考取了四六级证书，还有些同学在刚结束的"阳光工程"中成为大家的阳光榜样。这一年，你的年度关键词是什么呢？年初制定的目标又完成了多少呢？

在新的一年到来之前，我想和同学们分享三个小技巧，希望能被大家写进自己 2022 年度的"必做清单"。

一、拒绝拖延症

这一年里，你是否很多事情总是等到最后一刻才开始行动呢？拖延症是指自我调节失败，在能够预料后果有害的情况下，仍然把计划要做的事情往后推迟的一种行为。那么在新的一年里，我们如何克服拖延症呢？你可以把"这个任务太大了"变为"这个任务我可以每次做一小步"，将目标分解为容易完成的子目标，这样可以让自己快速地完成小任务，提高效率的同时提升自己的自信心；你也可以把"我今天必须完成"变为"我今天要开始做了"，迈出第一步，再逐渐养成今日事今日毕的好习惯；你也可以把"我必须做到完美"变为"我也可以是平凡人"，在缓解自己的压力之后再开始行动。

二、拒绝焦虑

有些同学看到别人背导游词比自己快的时候，看到别人获奖无数的时候，会心生羡慕，会焦虑。不知道同学们有没有看过一个 TED 演讲，演讲当中分享了这样一首诗："世界上每个人都有自己的发展时区。身边有些人看似走在你的前面，也有人看似走在你的后面。但其实每个人在自己的时区里有自己的步程。不用嫉妒或嘲笑他们。因为他们都在自己的时区里，而你也是。"所以，同学们，快慢其实没那么重要，重要的是你有没有为了自己的目标拼尽全力，有没有给自己留有遗憾。一味地去追随别人的脚步，只会加重自己的焦虑程度，迷失自己，每个人都有属于自己的时刻表，所以，别让任何人打乱你的人生节奏。

三、走出舒适圈

在漫长的人生旅途当中，我们每个人其实都在突破自我，走出舒适圈。第一次独自离开家乡去念书、第一次上台做演示、第一次竞选班委……其实进入大学之后的你们已经在无形当中主动或被动地走出了自己的舒适圈，在这些第一次尝试中逐渐成长。罗伯特·艾格说过："所有你想要的东西，都在你的舒适区之外。"如果你不想你的人生有遗憾，那么就不断改变自己，突破自己，而改变的最佳时机就是现在，最佳方式就是去做。走出舒适圈，努力跨出第一步，你才能看到不一样的风景。

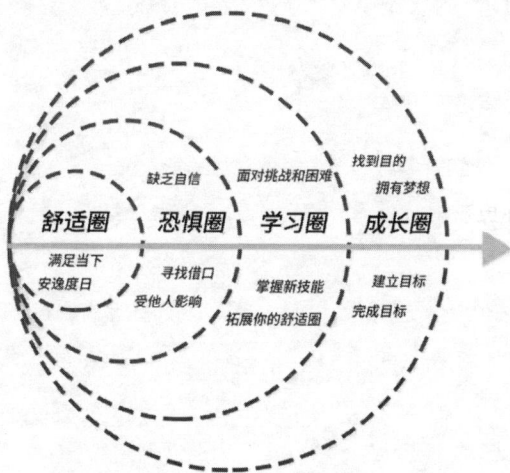

星光不问赶路人，时光不负有心人。期待同学们都能元气满满地开启自己的 2022 年。

个人简介

　　林昕玥，女，中共党员，浙江衢州人。2020年3月入职浙江旅游职业学院，任旅行服务与管理学院思政辅导员。主持校级课题一项，参与厅局级课题一项。曾荣获浙江旅游职业学院第三届辅导员"青春向党"主题理论宣讲二等奖。

人生在勤，不索何获

陆甜甜

连雨不知春去，一晴方觉夏深，恍惚间，又到了一年一度的毕业季。受疫情影响的 2020 年成了史上"最难"毕业季，作为一名辅导员和毕业班班主任，在这个毕业季，收到了很多同学的好消息。优秀的学生收到心仪单位的录取通知、刻苦的学生考上了向往的本科院校。无一例外，那些成功上岸的学生，都是平日里非常刻苦踏实的学生。冰冻三尺，非一日之寒。不经历考前的一番寒彻骨，怎有收获的梅花扑鼻香。今天，我们来聊一聊努力与收获。

一、人生不设限，制定小目标

尚处大学的你或许处在纠结迷茫期，面临机遇、挑战和选择时，很多同学往往会退缩，给自己设置障碍，选择打退堂鼓或半途而废。比如，在面临报考专升本还是就业的问题上，很多同学内心想继续在本科院校深造，但往往以"我英语很差""数学很难""我成绩不好""我不喜欢背书，记忆力不好"等各种顾虑为由，放弃了最初的念头。然而，很多时候，这些都只是自己不愿付出努力的借口。要学着从"不可能"的设定框架中跳出来，不给人生设限，制定小目标，迎接挑战，在不断尝试中探索自己新的可能。

二、足够努力，才会足够幸运

天道酬勤，玉汝于成，成功路上必须经历重重磨难，方能披荆斩棘，收获成功。天赋异禀者毕竟是少数，大多数人只是平凡者，相对于毫不费力而偶得的成功，那些默默拔尖、不放弃点滴努力，然后惊艳众人的人更值得敬佩。成功的花，人们只惊羡它现实的明艳，然而当初它的芽儿，浸透了奋斗的泪泉，撒遍牺牲的血雨。我们总是习惯于在别人取得成就时，羡慕嫉妒人家的幸运，却视而不见人家背后付出的无数汗水和泪水。立下目标后，就要厉兵秣马，持之以恒。多读一本书，多记一个单词，多做一道题，多培养一个兴趣，多参加一次活动。青春由磨砺而出彩，人生因奋斗而升华。要知道，幸运从来不是从天而降的，而是以矢志不渝的奋斗和竭尽全力的尝试为前提。越努力越幸运，希望每个人都能通过自己的努力收获那份幸运。

　　人生在勤，不索何获。只有在春天播撒希望的种子，在夏天挥洒奋斗的汗水，方能在秋天迎来收获的果实。最近很火的综艺《乘风破浪的姐姐》也在告诉我们，没有轻描淡写的成功，只有永不停止的努力。祝愿大家以梦为马，不负韶华，成就乘风破浪的自己！

个人简介

　　陆甜甜，女，浙江衢州人，2018 年毕业于杭州师范大学外国语学院。2018 年 7 月入职浙江旅游职业学院，任旅行服务与管理学院辅导员。曾获学院"辅导员工作案例大赛"三等奖，学院第五届辅导员职业能力大赛博文单项奖三等奖，2019—2020 学年第一学期旅行社管理系优秀班主任荣誉称号，主持院级课题一项。

切莫在该奋斗的年纪选择安逸

马庆楠

有这样一个故事：一位富翁的妻子断了一根骨头，请医生为她手术。医生用一根螺丝钉将病人骨头接好，收取 5000 美元。富翁很不高兴并写了一封信给医生，要求列出收费明细。医生在账单上写道：1 根螺丝钉 1 美元，怎样放进去 4999 美元。富翁沉默了，没有再说什么……

现在很多人较真地去看待所谓的成本价，却不曾考虑别人的专业价值。成本是什么？是经验、技术、风险、资源、劳动力、脑力、服务……

今天我们就来聊一聊：一技之长，对我们到底有多重要？

一、理想很丰满，现实很骨感

初入大学，大家在同一条起跑线上，慢慢地，同学之间便拉开了差距。一些同学获得了能力上的锻炼、专业上的提升，利用课余时间给自己充电，而有些同学却把自己的大把精力放在了吃喝玩乐与交友上。

记得毕业找工作时，许多同学以为凭借一纸学历证书便可找个差不多的工作。后来，才知道是自己太单纯。这年头比自己优秀的人太多了，而且人家不光成绩好、能力强、颜值高，琴棋书画也样样精通。

在校期间，许多同学憧憬着自己的未来，认为自己会有个光明的前景。可现实却是简历石沉大海、面试屡次碰壁、梦想遥遥无期，只能将"啃老"进行到底……

二、知否知否，应是技能在手

习近平总书记曾说："青年兴则国家兴，青年强则国家强""青年一代有理想、有本领、有担当，国家就有前途，民族就有希望"。

旅院培养的是专业技术型人才，每个专业都有它的特色与优势，如空乘专业的学生要熟练地掌握民航服务操作与管理的专业基础知识和技能；酒店管理专业要掌握酒店、餐饮与旅游基础知识，具备酒店管理与服务能力等。

俗话说"三百六十行，行行出状元"，每一行业、每一工作都有其需要的技能，木工、瓦匠是一技之长，计算机操作、家电修理是一技之长，各项服务、商品推销、摆摊售货等看似简单的工作，同样蕴含着许多技能，缺乏必要的技能同样难以适应这些工作。只有不断提升自己的专业能力，才不会被社会淘汰。

三、青春，是用来奋斗的

校园生活本应该充满朝气、散发活力。可又有多少同学懒散怠慢、虚度光阴？抱怨课程繁多，吐槽学业繁重。殊不知当今社会竞争之激烈、淘汰之残酷。

据统计，2016 年全国高校毕业生人数 756 万人，2017 年 795 万人，2018 年达 820 万人，再创历史新高。

我相信每位同学入学的初心都是想给自己的未来提供另外一种可能。但在追逐梦想的过程中，有的人蹄疾步稳，坚持不懈；有的人步履维艰，半途而废。

通往成功的道路，从来都不是一帆风顺的。当你们选择安逸地度过大学生活，却有无数像你们一样的大学生，正夜以继日地刻苦学习，拼搏奋斗，因为他们始终坚信着每一个不曾起舞的日子都是对生命的一种辜负。

"千淘万漉虽辛苦，吹尽狂沙始到金"。请相信，学习一门知识，掌握一项技能，你们的人生终将与众不同，你们的未来注定卓尔不群！

个人简介

马庆楠，女，中共党员，硕士研究生，2015 年 6 月毕业于首都师范大学马克思主义学院中共党史专业。曾获浙江旅游职业学院第三届辅导员职业能力大赛博文写作一等奖。

做个读书人

邵凌云

有一天，有个同学突然跑来问我："老师，暑假什么时候放呀？"我说："不是刚开学嘛，怎么就开始想暑假了呢？"他说："读书多没意思呀，也没什么用，想快点放假出去玩。"

不知何时，读书成了没意思、没意义的事情。

一、别让游戏霸占了青春

很多同学上大学之后对读书的热情与喜爱在不断减少。在寝室里，认真学习、埋头看书的同学少之又少，更多的是专注于打游戏。

记得有次走访寝室的时候，有个男生寝室全体都在打游戏，他们双手忙个不停地敲击键盘，嘴上还不时蹦出几句话。寝室长特别"客气"地对我说：老师，你随便坐，等我们打完这局再聊哈。真是让人又好气又好笑。我问他们："为什么那么喜欢玩游戏呢？"他们告诉我："老师，您知道吗，我们无聊啊，而且游戏能带来现实生活中没有的成就感，加上身边同学都在玩，所以就一起玩了。"

如果在学校打游戏被当作理所当然的话，大学就失去了它原本的意义，我们的青春时光也会在游戏中一点点消耗。

别让游戏霸占了青春。现在，青春是用来奋斗的，青春有梦，岁月静好。为什么不多读一些书从中寻找自己曾丢失的梦想呢？

也许有同学会质疑，读了这么多年书，好多都不记得了，反正会忘的，为什么还要读呢？我会这样回答：当我们还是孩子时，吃过很多食物，现在也记不起来吃过什么了。但可以肯定的是，这些食物中的一部分已经长成我们的骨头和肉。

你现在的气质里，藏着你走过的路、读过的书、爱过的人，正所谓腹有诗书气自华。

龙应台曾这样告诉她的孩子：孩子，我要求你用功读书，不是因为我要你跟别人比成绩，而是因为，我希望你将来会拥有选择的权利，选择有意义、有时间的工作，而不是被迫谋生。当你的工作在你的心中有意义，你就有成就感。当你的工作给你时间，不剥夺你的生活，你就有尊严。成就感和尊严，给你快乐。

我想，对于读书的坚持就是为了就算最终跌入烦琐，洗尽铅华，同样的工作，却有不一样的心境，同样的家庭，却有不一样的情调，同样的后代，却有不一样的素养。

二、读书应该是一件快乐的事情

曾看到过一则小故事。小和尚问老和尚：师傅，什么才是真正的爱读书呢？老和尚说：就是愿意读书。小和尚说：好像是句废话。老和尚说：不然呢，读书就应该舒服自然，不用觉得是浪费时间，不用花费精力，废寝忘食挑灯夜读都不需要，只是愿意读书。

习近平总书记曾说："我最大的爱好就是读书，读书已成了我的一种生活方式。"读书可以让人保持思想活力，让人得到智慧启发，让人滋养浩然之气。希望读书也能成为你我的终身爱好。

三、送给你们的话

同学们，作为新时代的新青年，我们应该让大学被书卷熏染，让青春为梦想点亮，做个新时代的读书人，志存高远，脚踏实地，勇做时代的弄潮儿。

现在已来，未来可期。让我们沐浴着新时代的阳光，不负时代机遇，不负青春韶华，做个有温度、懂情趣、会思考的读书人。

个人简介

邵凌云，女，中共党员，硕士研究生，国家二级心理咨询师。2015 年 6 月入职浙江旅游职业学院，现任千岛湖国际酒店管理学院学工办主任。曾获 2021 年文化和旅游部"阳光工程"优秀志愿者，省文旅系统 2018—2019 年度优秀共产党员等。

努力学习，不负青春，是我们的责任

孙 伟

各位同学：

　　大家好，我是来自千岛湖校区的孙老师，今天和大家讨论一个话题"努力学习，不负青春，是我们的责任"。

　　我们来到大学之前是否想过，为什么要来读大学，来到这里做什么？大学毕业之后出了校门能做什么？有的人说大学是自由的，是张扬个性的地方，有的人说大学是放飞梦想的地方，也有的人说，大学是对压抑了三年的高中生活最美好的释放，所以，进入大学就全身心地去感受、去体验吧。选这样一个题目，是因为我感到了些许的担忧，担忧的问题是很多同学忘记了来到大学的第一要务——努力学习，希望不是杞人忧天。作为老师的我，往往都是表扬的少，批评的多，但是不能否认同学们取得的成绩，省赛、国赛甚至国际比赛拿到大奖，努力地学习，拿到了各种奖学金，考过了英语四级、六级，还有的同学专业技艺精湛，成为行业的能手，成了学校的骄傲。或许是太心急了，老师们总是希望，所有的同学都能够取得成绩，虽然不现实，但是，通过共同的努力，让更多的人取得更好的成绩是完全有可能的。所以，就有了今天这个话题，如何去实现这样的目标，那就是努力学习。既然是讨论，就要开诚布公、要坦诚。其中或许会有许多不好听的话，大家多多担待。

　　关于学习。我可以毫不避讳地说部分同学的学习积极性是有问题的，总是处于一种被动的学习状态，甚至是不学习而在混日子的状态。很多同学已经习惯了被赶着学，被逼着学，甚至被求着学。或许很多同学曾经经历过被中学老师放弃的经历，"爱学不学，不要影响我给其他同学讲课，耽误人家的前途"。不必去谈"不学习对不对得起父母的血汗钱"这样具有道德高度的问题，不管你变成什么样，父母都是爱你的，你在父母眼中是最棒的，这毫无疑问。也不用去谈学习有用无用，因为有用无用不是能预先知道的，而是用过之后才知道的，这不符合事物的逻辑。更不用说老师讲得好不好，老师宁愿你去指明他哪里讲得不好，哪里讲得不对，这样才是教学相长。当然，也不用去谈对这课感不感兴趣。过来人的经验告诉我们，兴趣是最好的老师，但是，这一生中感兴趣又能完成的事，少之又少。耐得住性子去学习一门不感兴趣的课程，这或许是成功人士才有的毅力。

我觉得，导致目前状态的个人原因有两个：一个是学习习惯问题；另一个是危机感问题。外在因素，我就不再谈，毕竟外因都是通过内因起作用的。

好的学习习惯，如积极地思考、认真地作业、及时地复习、广泛地阅读以及经常性地和老师互动。这不是一天两天形成的，可以回想下，从何时起，成了一个不爱学习的孩子？小学？初中？高中？还是来到这里之后？老师的漠视？家长的宽容？当我们表现出不好的学习习惯的时候没有及时地纠正引导。任何事情的出现肯定是有原因的。只要自信，形成好的学习习惯，绝对没有问题。为何要有好的学习习惯，因为学习力（learning how to learn）是我们在社会立足的基础之一，时代在不断地变化，知识也在不断地更新，好的学习习惯非常重要。当然，要纠正一个不好的习惯，需要很大的勇气和毅力，不是凭空说了就可以纠正的。以后，做管理也好，做一线也罢，没有学习力是死路一条，父母给我们提供的条件只能维持一时，维持不了一世，关键还得靠自己的能力。有人说，"到时候就好了""到时候就会了"，真的要是"到时候"，那就已经晚了。高考只过去一两年的时间，高考给我们的痛苦或者快乐，还留下多少印象，曾经因为高考失利给自己的立下的豪言壮语，今天还剩下多少？

很多人貌似没有什么危机感，对于未来的自己，能不能在这个社会立足？靠什么立足？甚至靠什么找到心仪的另一半？没有想过！或者是不敢想，也有一部分同学是想想头疼，还不如打把游戏放松一下。有那种"今朝有酒今朝醉"，也有那种"人生得意须尽欢，莫使金樽空对月"的态度，那么我们有没有想过酒从哪里来？什么是人生得意？这是一种什么样的状态？也有同学抱有"车到山前必有路，船到桥头自然直"的侥幸思维，不会"驾车"，不会"开船"有路也走不了，祖宗的经验告诉我们"少壮不努力，老大徒伤悲"。

危机感是一个人前进的动力，"生于忧患，死于安乐"。反思一下，自己比其他人优秀的地方在哪里？"优秀"是别人对于自己的评价，而不是天天嘴上说自己"优秀"。如果是"富二代"，你有没有能力去培养一个"富三代"，如果不是，那你有没有能力去培养一个"富二代"？今天这样一个时代，变化的速度极快，大家要有危机感，不至于出了校门就失业，不至于被社会淘汰。危机感应该经常被自己提起。有的同学说"只要你不影响我打游戏（玩），让我干啥都行"，那除了打游戏（玩），还有其他可以做的吗？

时间已经差不多，该说的也说得差不多了，希望各位从中能得到些有用的东西，也希望我们共同努力，让我们大家取得更优异的成绩，谢谢大家。

个人简介

孙伟，男，中共党员，毕业于中共浙江省委党校，马克思主义中国化研究专业。

进入大学是为了成为更好的自己

吴文杰

今年是我工作的第一个年头，工作和生活之余结识了许多学生。窗间过马，20级实习班还有很多经验未来得及与他们当面分享，他们就已外出实习，21级新生班学生还沉浸在考上大学的喜悦中，但我想对他们说，大学是奋斗的起点而非终点，我们要在这里整理行装，重新出发，成为更好的自己。

十几年的学生生涯加上一年的辅导员生涯，我总结出以下几点对学生的建议：

再长的路，一步步走也能走完；再短的路，不迈开双脚也无法到达。高中老师为了鼓励同学们考上理想的大学，会说上了大学就可以放松了。其实不然，这只是为我们造了一个梦，让我们能够奋发图强，进入自己梦想的大学。大学才是决定我们人生后半程的关键时刻，也是人生又一个十字路口，更需要我们刻苦学习，用自己的奋斗和拼搏来争取明日的辉煌。

读书谓已多，抚事知不足。如今的课堂消失了笔尖摩挲纸面的沙沙声，不见了师生互动的讨论声。取而代之的是电话铃、短信、微信、QQ……让学生们精神倦怠，沉迷其中，让认真听讲的同学备受干扰，让辛勤授课的老师备受影响，让丰富的课堂内容悄然流逝。

爱护自己，珍惜自己。安全始终是做任何事情的首要前提，上大学同样也不例外。因为没有什么比失去健康，失去生命更痛苦！生活就像一面镜子，你若对它笑，它就对你笑。

"青年是国家和民族的希望。在这次抗疫斗争中，青年一代的突出表现令人欣慰、令人感动。"2020年9月8日，习近平总书记在全国抗击新冠肺炎疫情表彰大会上指出："世上没有从天而降的英雄，只有挺身而出的凡人。青年一代不怕苦、不畏难、不惧牺牲，用臂膀扛起如山的责任，展现出青春激昂的风采，展现出中华民族的希望！"

青年一代是堪付大任的一代，同学们要有所作为，一起努力奋斗，青春才能亮丽，人生才能精彩。

学好百年党史，激发奋进力量。今年是中国共产党成立 100 周年，青年学生要通过学习党史、新中国史、改革开放史和社会主义发展史，进一步加深对马克思主义真理力量和实践力量的认识，进一步在党史学习中感悟思想伟力、坚定理想信念、筑牢初心使命、激发奋进动力，自觉做习近平新时代中国特色社会主义思想的坚定信仰者、忠实实践者。

别想一下造出大海，必须先从小流开始。刚进大学，我们的学生可能会有很多迷茫，没有家长教师的约束，有的沉浸在游戏中，有的迷惘地躺在宿舍床上。因此，合理制订大学规划十分必要，可以根据自己的实际情况制订大计划和小目标，大计划是由一个个小目标组成。英语四级，学校活动，都是一个个小目标，其实当你把很多小目标完成之后，不经意回头看时，会感叹原来自己也很优秀，完成了许多之前想干却没干成的事情，这时回头猛然发现离自己的大计划也只有一步之遥了。制订规划的同时，自己也要瞄准目标，咬定青山不放松，多付出些努力，终会收获成功。

书中自有颜如玉，书中自有黄金屋。读书可以丰富一个人的知识储备，提高自己的道德情操，提升自身的眼界。在大学里，青年学生们要多走出宿舍，走进图书馆，高校的藏书量不是短暂的大学生涯就可以通读的。当然，偶尔的休闲与活动也是大学的重要组成部分，插花，骑行……懂得在生活中陶冶情操。

命运既有顺境，亦有逆流，不必诸事称心，唯挫败与困苦，是厚重人生的砺石，彼之越坚，走得越稳；生活既蕴巅峰，也含谷底，不可随时居高，走到最低点，只要迈步就是向上，不若积聚力量，期待下一轮进击。

个人简介

吴文杰，男，汉族，1995年3月生，江苏宜兴人，中共党员，2021年1月入职浙江旅游职业学院，研究生学历，理学硕士，曾获学校第六届辅导员素质能力大赛三等奖，优秀班主任等荣誉称号。

为幸福而战

徐千惠

一、什么是幸福

2016年7月我进入旅院工作，主要负责学生的创业管理。有着创业经历和经验的我对这份工作可谓是自信心满满，但进校工作后才发现，自己创业和"教"学生创业是两码事。学生会经常跟我说："老师我不喜欢创业、老师你上课讲的我听不太懂、老师我觉得学会了这些对未来工作没什么用。"被问多了后，有段时间我甚至感到迷茫和彷徨。我的工作方法是不是有问题？课程内容是不是不适合学生？创业教育有意义吗？

直到2017年10月的一天，会计专业的马天放同学敲开了办公室的门，对我说："徐老师，我是从微信专栏"千千创客"认识您的，这次来想邀请您作为指导教师参加浙江省中高职院校的创新创业大赛，我的项目是……"他一边拿着一份"简陋"的商业计划书一边描述着自己的项目，声音低沉却又坚定无比，神色紧张却又充满信心。"老师，我做这个项目不是为了比赛而比赛，我是真的喜欢而且很想去做这件事情，并想通过比赛去认识一些导师来获得资源，让这个项目真正可以落地……"听完后，我仿佛看到了3年前的自己，表达青涩但眼中有光，对于想做和喜欢做的事情不畏艰难，能鼓起勇气，主动去追。

什么是幸福？哥伦比亚大学教授霍华德·金森提出，靠物质支持的幸福，都不能长久，只有心灵的"坚定平和"继而产生的"身心愉悦"，才是幸福的源泉。我想，幸福的真谛，就是找到一件喜爱的事情，坚持做下去。这是创业者的必备精神，同时，也希望每位同学都能够领悟。

二、无问西东，敢于拼搏

很幸运也很开心，马同学在那次全省比赛中获得了第一名，他对我说：

"老师，通过比赛我发现了项目的不足之处，而且现在仅仅只是一个思路，并没有尝试过，心里感觉不踏实"。为此，我特意将项目计划书发给身边的CEO、互联网公司技术大牛，让他们帮助分析可行性，并鼓励马同学尝试去做项目的一个部分。都说成功的路上充满着荆棘和坎坷，项目在线上试运营3个月后，取得了一定的成效，但由于市场经验和团队力量不足，还是被迫中断了。

经过一次失败后，他并没有消沉和停止脚步，多次带着团队成员总结失败经验，讨论项目修改方案。功夫不负有心人，马同学拿着修改过上百遍的商业计划书又去参加了全省中高职创业比赛，更加幸运的是，除获得了第一名的好成绩外，项目被评委席中的一个投资人看中，决定帮助其项目落地，投放市场。

2015年7月24日，习近平总书记在知识分子、劳动模范、青年代表座谈会上说："对想做爱做的事要敢试敢为，努力从无到有、从小到大，把理想变为现实。要敢于做先锋，而不做过客、当看客，让创新成为青春远航的动力，让创业成为青春搏击的能量，让青春年华在为国家、为人民的奉献中焕发出绚丽光彩。"时代需要你们奋发有为，国家需要你们开拓创新，你们不能仅仅满足于"美食+旅游"的"小确幸"，更要有"直挂云帆济沧海"的"大抱负"。

三、当幸福来敲门

"苟日新，日日新，又日新"，创新才有机遇，敢为先锋才能不负时代。2018年12月，马同学看到项目市场前景后立即去注册了公司，如今的团队成员有来自复旦大学、西南财大、上海交大等知名院校的本科、研究生，也有许多和他一样来自职业院校的学生。他说："走出去以后才发现，学历虽然不同，但让大家走到一起的是对创新的热爱，对创业的执着，正是这种精神让我们凝聚在一起。"公司成立后开展的第一个项目合同额高达31万元，同时，项目还荣获了国家级创业大赛的一等奖。我相信，在未来的某一天，幸福一定会来敲门的！

同学们，说了这么多，创业教育的最终目的不是让大家都去开公司、做项目。大家也不要认为创新很难，创业更是可望而不可即，广阔天地，大有可为，大家既要拿出"事到万难需放胆"的勇气，也要有"宜于两可莫粗心"的精神。真心希望每一位同学能够在以后的职场上、生活中掌握创新思维，拥有创业精神，敢为人先，不惧失败和困难。

千千创客中，我遇见了你。让我们一起成为自己的"奥特曼"，一起为幸福而战！

个人简介：

徐千惠，党员，讲师。浙江旅游职业学院首届创新创业导师，艺术学院辅导员，负责就业、创业、校友工作。获 2020 年浙江省高校创业导师培育工程"优秀工作案例""优秀学员"称号；主持参与省部级课题共 3 项、厅级校级课题 10 项；带领学生获国家级、省级、市级各类创业大赛奖项 10 余次。

少一些错误，多一些收获

尹晓盼

2016 年 5 月 4 日，是我和阳光旅院正式相见的第 1 天，也是我和你们相遇的第 1 天。不经意间，已和你们一起度过了一年零七个月相遇相知相伴的美好时光。没有太多辞藻，也谈不上什么大道理，在此只是想简简单单地和你们说说心里话。

你们的大学，从一场军训开始。整齐的队列方阵背后，是你们挥洒的汗水与咬牙的坚持。军训是大学的第一场仗。勇敢的心、年轻的激情、不屈的拼搏力是你们对军训的态度，更是给旅院的赞礼。接下来的一场场新生始业教育，有规矩意识的培养，有安全教育的教导，有专业发展的指引，也有迎新晚会的热闹。你们忘却了军训的疲惫，带着一份认真投入其中。社团招新，你们热血澎湃，勇敢尝试；班委竞选，你们积极展现，意气风发；课堂上，你们全神贯注；早晚自习，你们专心致志……

但你们中不乏一两位，因为偷懒错过了军训方阵，因为迟到早退错过了课程重点，因为疏忽错过了海外实习项目的面试，因为缺席错过了实习招聘会……面对这样的情况，你们总会有千万个理由。有人说，老师我身体太虚弱，走不了方阵；有人说，老师我上课迟到是因为被子把我封印了；有人说，老师我觉得参加海外实习项目的人肯定很多，所以就不凑热闹了；有人说，老师招聘企业要求太高，臣妾做不到呀！

前几天，和带班班长聊天，在谈及班级学风时，班长一脸委屈地告诉我："老师，我班有两个学生总是迟到早退，私底下找他们聊天，他们竟然告诉我，就算受处分了，也是他们自己的事情，我无须过问。"还有一次，和导游证考试前的你们聊天，虽然我在专业上帮不上忙，但是精神上的支持义不容辞。没想到，当我鼓励同学们好好准备时，有些同学的回复是，老师，无所谓了，已经没时间了，我现在都大二了……

每每听到这些，我内心是非常无奈和痛心的。无奈的是步入大学的你们已经有自己的独立思考，开始我行我素；痛心的是机不可失、时不我待，机会从来都不会为某一个人的某一特殊情况而停留。所以，此刻起，让自己的大学时光少一些错过，多一些收获！

一、少错过一些机会

习近平总书记曾引用诸葛亮《诫子书》中的名句告诫青年朋友，"非学无以广才，非志无以成学。"大学阶段，"恰同学少年，风华正茂"，有老师指点，有同学切磋，有浩瀚的书籍引路，可以心无旁骛地求知问学。此时不努力，更待何时？班级活动也好，社团活动也罢，都是一次次提升自我的机会。勇敢地迈出第一步，你会发现后面的路就顺畅了许多。

二、少错过一些亲情

作为带班辅导员，我不止一次地接到家长的电话，都是因为联系不上孩子而担心焦虑。人们总说没时间陪伴亲人，或许是我们搞错了时间，或许我们正渐渐错过时间。儿行千里母担忧，有事没事多给爸妈打打电话，哪怕只是一句简简单单的"天冷加衣"，都能让父母感到温暖。

三、少错过一些友情

大学班级成员的异质性相对较高，不同的地域、不同的文化再加上课业的自由选择，让大家很难再像高中时期那样亲密。但相聚即缘，不妨多参与班级集体活动，珍惜与大家在一起的时光。

当然，也别错过爱情。大学是最美的青春，当下是最美好的你们。慢慢让自己变得更有魅力，找一个喜欢的人，勇敢而理性地表达自己的心声。即使失败也能够坦然地说，我曾经努力尝试过。

时间总是飞速流逝，好好珍惜当下的愿望，做想做的事，见想见的人，去想去的地方，抓住该抓住的机会，别等到未来的某一天，猛然惊醒，希望自己能重新开始，却发现一切都已经来不及了。

个人简介

尹晓盼，女，中共党员，硕士研究生，2015 年 3 月毕业于杭州电子科技大学思想政治教育专业，曾任旅游外语学院辅导员。国家二级心理咨询师，曾获 2017 年浙江省高校毕业生跟踪调查工作"先进个人"称号、浙江旅游职业学院第二届辅导员职业能力大赛二等奖。

多读书 多学习 多思考 总是没错的

俞莹莹

说起来我也曾因为年少不懂事，浪费了大好的读书和学习时间。现在想来，当时老师反复鞭策我们，说"现在不努力，你们将来会后悔的"，实属语重心长。虽说"人类一思考，上帝就发笑"，但我也常常这样想：若是我不能保持思考，和地上的蚂蚁有什么区别？

作为一名大学生，20 岁左右的年纪，价值观、人生观、世界观尚未成熟定型，如果不在这段最好的时光里读书、学习、思考，参透和领悟人生意义所在，成为一个理想信念坚定、内心强大、享受孤独、善于思考的人，拥有有趣的灵魂，那无疑是令人遗憾的。

今天，我与大家分享我最喜欢的两本书，既勉励自己，也勉励大家。但愿在人生的旅途中，我们常常拥有清晰而笃定的视野，不至于在行走途中觉得迷茫苦楚。

刘瑜《送你一颗子弹》：做一个有趣的人

读过刘瑜的《送你一颗子弹》的人都会这样感慨，没想到毕业于中国人民大学的政治学博士刘瑜居然这么有趣。这本书记录的是刘瑜2005年到2009年生活里的点点滴滴。在这本书里，被"审视"的东西杂七杂八，有街上的疯老头，有同宿舍的室友，有爱情、电影和书，大到制度，小到老鼠。不同文章风格迥异，长短不一，质量不均，随着社会形势、荷尔蒙周期以及自我逃避生活的力度而起伏。

在《猪头肉的乡愁》这篇文章中，刘瑜描述了自己当年在人大食堂想吃猪头肉又想要保全自己窈窕淑女形象的片段，让我想起高中时山东大汉级饭量的我为避免被同学视为怪物而去食堂打饭的情形：打完一份饭后假装无比烦恼地自言自语说，哎呀，每次都让我带饭，阿姨，再打一份饭，打包！真怀念。

读完这本书的时候，我还写了一个短评：做人一定要有趣，像王小波这样"有趣搭飒"的人很少了。一个人如果有趣，就可以花很长很长时间去探索他而不觉得已达尽头。无聊很可怕，而人无聊更可怕，刘瑜就在《送你一颗子弹》里这样写：很难找到一个像我一样兴趣一望无际的人。

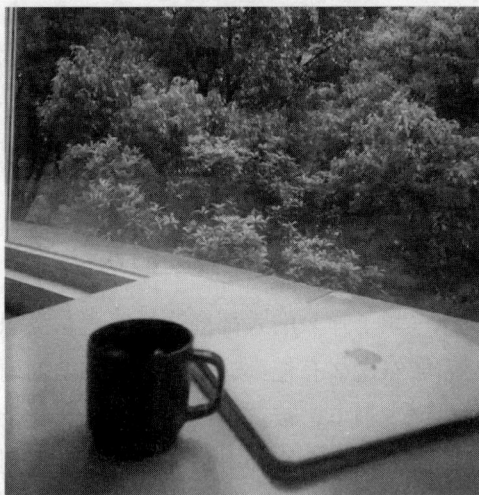

说一个人优秀，或者有才气，但与他相处可能会让人感觉到乏味无聊；说一个人帅气或者漂亮，但他可能内里很空洞；说一个人可爱，显得力度不够；说一个人坚强，又显太过坚硬。唯有"有趣"两字，不仅让人感受到这个人的幽默风趣，而且可以让人感觉到他的学识渊博。

同样是吃一碗粥，有的人觉得食之无味，而有的人却可以闻到香气；同样是看夕阳，有的人看到的只是落日，而有的人看到的是"落霞与孤鹜齐飞，秋水共长天一色"；同样是面对一件令人沮丧的事，有的人意志消沉，郁郁寡欢，而有的人却可以看到事物的另一面，积极乐观且坚定。

有趣之人应该是热爱生活、包容豁达、勇于尝试、智慧大方的，他们可以将生命中出现的清贫无味之事谱写成一首有旋律的小插曲。有趣的人，是可以让自己开心，也可以让他人开心的。

周国平《论孤独》：学会和孤独共处

周国平老师这样形容孤独：心灵的孤独与性格的孤僻是两回事。孤僻属于弱者，孤独属于强者。2013 年，我读完周老师的书有感而发写了个博文，发布在自己的 QQ 空间里，摘取一段分享。

"圣人们说，朝圣之路必然是孤独的，因为发现真理的人少之又少；周国平先生说，孤僻属于弱者，孤独属于强者；罗素也在《快乐的征服》中说道，人要练习出一种忍受单调生活的能力，也就是忍受孤独的能力，品味孤独的能力。

未必'孤僻'的我就等于'孤独'的我，但是这么多年我至少找到了方向：我不是孤僻，我朝向孤独。而这是唯一一条认识自我和坚持自我之路。现实生活中什么人都有，那些感知力强而不愿屈就的人总是找不到属于自己的那个组织，更无法找到一个完全融合自己的组织，最后则终会认识到其实压根儿不需要去寻找一个不存在的组织，安然和孤独共处挺好，有更多的时间和机会认识和发展自我。

孤独的路是先痛而后甘的，在此劝慰无法在人群中定位自己的同类们，除非是有其他严重的问题（精神问题等），'寻找组织'实在是一件到头来你自己也会认为没有多大必要的事情。"

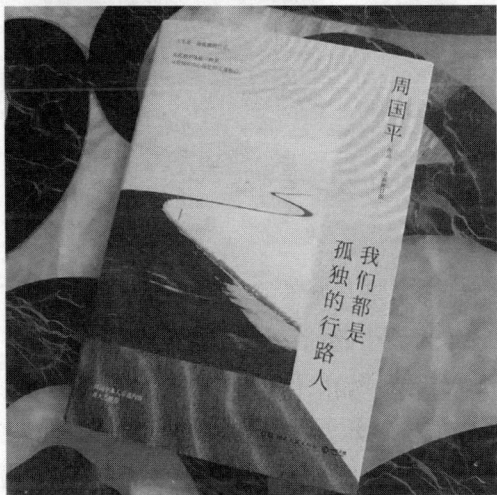

从进化心理学的角度，独处不利于力量弱小的个体在适者生存的环境中存活，人类选择群居的方式和各类利他行为，都是为了提高整个种族的适应性，更有机会流传基因。因此，自主选择积极独处的人，往往有足够的自信和力量

独自面对生活。在心理咨询大师的眼中，独处的能力也是心理健康的重要标志。马斯洛认为，积极独处是自我实现者的重要特征，他们独处并享受孤独。客体关系学派的温尼科特也认为，拥有独处的能力，是一个人情感成熟的重要标志之一。

人生若有知己相伴固然妙不可言，但那可遇而不可求，真的，也许既不可遇又不可求，可求的只有你自己，你要俯下身去，朝着幽暗深处的自己伸出手。

2017年，我也曾写微博勉励自己，学会忍耐、享受"孤独"很重要："独处是有趣的，更是重要的。如果不能适时回归内心，沉浸于所谓'热闹'的无意义'社交'，多么无趣。然而内心常常是脆弱的，可能也会充满'魔障'，所以我们要历练。"

当然，低级的"有趣"是万万不能的，只会"孤芳自赏"的孤独也是可怕的。身为新时代的青年，人生路途的"历练"是全方位的，绝不止于某一点。最后，我仍然想与大家共勉，如果你有选择障碍，可以先从名著下手。用我小学最敬爱的一位老师的话总结："你才懂了多少而已，多低下头读书，多学习经典名著的精髓。你要知道，名著之所以是名著自然是有原因的。"

愿同学们多读书、多学习、多思考，成为一个有趣的人，参透孤独背后的真相，领悟人生意义的真谛，不放弃自己最初的理想。

个人简介

　　俞莹莹，女，汉族，中共党员，浙江杭州人。曾获"就业工作先进个人""优秀辅导员""优秀社团指导老师"等荣誉称号，主持厅局级课题 3 项、院级课题 6 项，获浙江省高职党建思政研究会年会论文三等奖 3 次、二等奖 1 次，校级各类论文评选二等奖 2 次、三等奖 3 次，校资助育人工作品牌案例二等奖，指导学生获省级及以上项目立项和荣誉 6 次。

这就是我，以梦为马

张晓侠

习近平总书记曾引用过这样的经典名句："志之所趋，无远弗届。"这句话要求我们要敢做先锋，不做过客、不当看客。在自己热爱的辅导员工作岗位上，我始终坚持以梦为马，做一名走心的平凡辅导员。

入职旅院，成为一名专职辅导员，已经一年零四个月了，但其实 2018 年是我在辅导员工作岗位上的第四年。研究生期间，我有幸在杭师大做了三年的兼职辅导员，每天工作八个小时，积累了一些宝贵的辅导员工作经验。

基于这些经验，再加上旅院老师们的指导和帮助，让我在学工部工作的第一年较为顺利。但是，所有的一切，从完成借调工作回到旅行社管理系的那一刻，开始发生了变化。系部工作的烦琐，起初让我非常不适应：有学生早晚自习玩手机、有学生因懒惰花钱雇人晨跑、有学生不愿意穿制服、有学生半夜酗酒要送去医院、有学生写的策划新闻稿没法看……没错，这就是我负责的学生工作的日常。平均下来，每天我需要处理大大小小不止 18 件事情，QQ 上的消息从未停止过跳动。甚至，当我下班后累瘫在椅子上的时候，学生发来一条信息："老师，在吗？"那时候的我，整天神经紧绷，带着似乎随时就要爆炸的大脑。

直到有一天，她的一句话点醒了我：系部与院里的工作思路不同，你要一切从实际出发，学会思考。她就是我的工作导师，旅行社管理系党总支书记——罗峰，一位集优雅和学识于一身的副教授。思考？对啊！我似乎真的很久没有好好思考过了……

通过认真思考，慢慢地，我理顺了自己的工作思路，成为学生眼中那个长得很像他们学姐的辅导员。

为了全面分析我系晚自习的情况，提出有效的晚自习创新管理办法，我通过思考，设计了调查问卷、定制了访谈提纲，运用 SPSS 科学分析方法对我系

2016级新生的晚自习做了全面的思想研判，并公开发表了一篇论文。

为了提升我系学生干部的写作能力和水平，我花了许多个下午去思考，整理了近几年自己积累的关于新闻稿撰写、微信推送、总结报告等方面的经验；为了更加了解我系导游专业的学科知识，我毫不犹豫地加入了导游资格证考试的大军……

通过深入思考，渐渐地，我找到了合适的工作方法，成同学们眼中那个走心的小虾老师。

面对学生交给我一篇策划不像策划，总结不像总结的文字让我修改时，我有了更多的耐心去帮助他们指出问题，提升写作水平。

面对因寝室矛盾气得直跺脚要求换寝室的同学，我努力用温柔而又不失坚定的语气，引导他们找出造成寝室矛盾的深层次原因和解决的办法，同时，告诉他们应该把更多的时间和精力放在学习上、放在获得更多的技能上。

面对因逃课即将要被处分的学生，我丝毫没有放弃的念头，而是用笃定的语气努力帮助他重新找回学习的动力和生活的目标，而当得到他现在能够做到按时上课的消息时，我感觉与他那晚畅聊的三个小时，每一秒都有了意义。

比起刚入职时的万分焦虑和不知所措，我更加喜欢自己现在的状态，一方面运用自己的专业知识兼职思政概论课，另一方面做着自己最感兴趣的专职辅导员工作。未来日子里，希望自己继续努力做一名走心的辅导员，一名能够真正成为你们生活上的知心朋友、成长成才之路上的人生导师的辅导员。

最后，送给你们一段话：

亲爱的同学们，无论学习还是工作，世界上没有哪一件事情是轻轻松松就可以完成的。2018年，不惧风雨，不怕艳阳，小虾老师愿与你一起出发、进步、成长！

个人简介：

张晓侠，女，中共党员，讲师。曾在旅行社管理系、外语系担任辅导员，现为旅游外语学院学工办主任。主持或参与厅局级课题3项，校级课题10余项，公开发表论文40余篇。

第三辑

疫路同行　玉汝于成

五个"锦囊"，同心战"疫"

柏　凤

不知不觉，从一月下旬到如今，随着疫情的蔓延，我们已经"宅"在家里近一个月之久，这个特殊的寒假，将会使我们终生难忘。每天睁开眼的第一件事便是刷手机看一眼疫情速报，期盼着我们的国家早日战胜疫情，共迎鸟语花香的春天。习近平总书记指出："疫情是魔鬼，我们不能让魔鬼藏匿。"近日有数据表明，全国疫情总体呈下降趋势，浙江第一批新冠肺炎疫苗已产生抗体，这无疑是个好消息。同学们，疫情防控正处在攻坚克难的关键时期，企业延期复工，学校延期开学，无数"逆行者"奋斗在战"疫"一线，与疫情斗争。在这个特殊时期，我们能做的便是手握五个"锦囊"，安心"宅"家。

一、平安囊：做好防护，"宅"家守平安

新型冠状病毒肺炎主要通过近距离的呼吸道飞沫、人与人接触等途径传播。中国疾控中心流行病学首席专家吴尊友指出，经过分析，83%的聚集性疫情是在家庭中发生的，此外还有如医疗机构、学校、商场、工厂、企业等这些常见的聚集性场所。他表示，家庭居室注意通风、做好戴口罩、勤洗手等个人防护，不去参加聚会、聚餐等聚集性活动，就可避免和防范聚集性疫情。

钟南山院士说："疫情期间，我们只要'宅'在家里就是在为祖国做贡献。"疫情正处峰值，我们要响应国家号召，不给国家添乱，把"宅"进行到底。请大家没有特殊情况不要出门，戴好口罩，勤洗手，居家消毒，注意保暖，不造谣、不传谣、不信谣，做一回光荣的"宅男""宅女"。

二、能量囊：摆好心态，传播正能量

面对蔓延的疫情，每个人或多或少会有"被感染"的担忧，我们要学会调适自己的心态，保持科学又理性的态度认识疫情。

首先，关注疫情信息要学会甄别与过滤。自媒体时代，各种各样的"内部消息""权威发布"漫天飞舞，我们要学会甄别，选择阅读各级政府及卫生防疫部门官方发布的信息，不造谣、不传谣、不信谣。

其次，面对疫情蔓延要学会宣扬正能量。我们虽然无法像白衣天使一样战斗在抗击疫情第一线，但我们可以利用网络途径，为战斗在一线的医护人员，为无数的"逆行者"加油点赞，我们可以尽自己的绵薄之力积极开展疫情科学知识普及，共同传播正能量，营造良好的疫情防控舆论氛围。

最后，居家抗疫适量运动，养成良好习惯。估计同学们居家的常态便是每天睡到日上三竿，"葛优躺"刷手机，长此以往不利于身体健康。同学们要主动增强卫生健康意识，积极学习疫情防控科学知识，将对疫情的焦虑紧张情绪分散到运动、放松、健身上面，养成良好的习惯，保持心情愉悦。

三、学习囊：抓紧学习，停课不停学

2月18日，本应是2020年春季开学的日子，可一场突如其来的疫情扰乱了我们正常的学习和生活，让我们无法如期在美丽的校园重逢。但生命重于泰山，疫情就是命令，防控就是责任。教育部要求各大高校结合实际，切实做好疫情防控期间对学生学习、生活的管理与指导，最大限度地减少疫情对教育教学的影响，确保"停课不停学，学习不延期"。

习惯站在三尺讲台上的我们已摇身一变成为十八线主播，而你们也成为屏幕前的忠粉，希望新鲜劲儿过后，同学们依旧可以保持自律，按时参加课程学习，确保停课不停学，学习不断线。

四、联通囊：互联互通，保持信息畅通

无论你是在家休养还是居家隔离，请务必要保持信息畅通。

一方面，互联网时代，要通过网络全面了解疫情防控的形势，掌握科学预防的知识和方法。另一方面，也要加强与外界的联系，要及时与学校保持"通话"，经常查看班级、系部的群消息，及时配合班主任、辅导员等关于疫情情况的统计。保持电话畅通，你的一个简单的"健康打卡""报平安"，在群里发个声、冒个泡、接个龙，让牵挂我们的人不再担心，让关爱我们的人放心，是对学校老师防疫工作最大的支持与配合。

五、责任囊：遵守安排 勿提前返校

根据教育部要求，全省各高校开学时间均已延迟，校园也已实行封闭式管理。请同学们都要申领好"杭州健康码"，居家静待通知，返校时间一旦确定，学校会及时发出通知，以便大家提前做好出行准备。正式开学前，同学们要充分认清当前疫情防控的严峻形势，自觉服从学校疫情防控整体安排，千万不要提前返校，对自己负责、对家人负责、对学校负责。返校时间确定后，务必按照学校返校复学安排，做好个人防护和返程规划，尽可能缩短返程时间，减少人流接触，错峰出行、平安出行。

庚子伊始，病毒来袭，万众一心，直面疫情，我们既要坚决打赢这场残酷的阻击战，也要趁机上好这堂生动的思政课，坚定信心、同舟共济、科学防治、精准施策，在党中央的坚强有力的指挥下，我们一定能打赢这场没有硝烟的战"疫"。

个人简介

　　柏凤，山东烟台人，2019年毕业于浙江理工大学，2019年9月入职浙江旅游职业学院，任厨艺学院思政辅导员。曾获学院第五届辅导员职业能力大赛一等奖、博文写作二等奖、"青春向党"理论宣讲比赛三等奖，主持院级重点课题1项（在研），参与厨艺系"五味堂"职业素养提升工作室。

疫情下再谈"为什么要读书"

胡玉梅

"为什么要读书"可能是一个比较陈旧的话题了，特别是在当前信息扁平化的时代，让人感觉没有什么知识是不能"百度"到的。可是同学们，在这个互联网高速发展、信息极具碎片化的时代，你是否真的静下心来思考过这个话题呢？你是否还记得每次回家父母看你时的殷切目光？你的大学时光仅仅只能收获一张干巴巴的文凭吗？不，亲爱的同学们，我想不是这样的。

董卿在谈到读书时曾说过：不读书就像没有吃饱饭一样，精神上是饥饿的。读书让人学会思考，让人能够沉静下来，享受一种灵魂深处的愉悦。

庚子年初，疫情蔓延神州大地，在一片安静的"暂停模式"下，涌现出数不清的"最美逆行者"。从钟南山、李兰娟院士到无数逆行的医护人员，从"若有战，召必回，战必胜"的铮铮誓言到无数群众的自发捐款，从抗疫现场"90后"乃至"00后"的身影频繁出现。经过艰苦的奋战，国内疫情得到了有效控制，生产生活逐渐复苏，抗疫成果也受到了国际社会的高度评价。通过这次抗疫，我想再提及"为什么要读书"这个话题，我们每个人都会有更好的答案。

一、读书，能让人明是非

疫情发生之初，大众恐慌的情绪肆意蔓延，各种关于疫情的谣言四起。很多人看到信息就复制转发，根本不求证真伪。"武汉医院内多具尸体无人处理"被大量转发传播；在各大家长群、教师群、学生群中广为传播的"白岩松采访钟南山院士的温馨提示""猫狗会感染病毒"等，不少人看到该言论后把自己养的猫和狗弃养甚至残忍摔死；"双黄连"能有效对抗新型冠状病毒导致大量市民连夜排队购买，甚至连鸡服用的"双黄连"也被抢购一空……

常言道："谣言止于智。"同学们，多读书吧，读书能让你分辨什么样的言论是不可信的；多读书，能让你知道病毒的特性和传播机制是什么；多读书，更能让你学会独立思考，对获取的信息进行筛选，做到不轻易信谣和传谣。

二、读书，能赋予人正能量

1月20日，钟南山院士接受中央电视台关于"新型冠状病毒感染的肺炎疫情"的采访，全国人民才知道这个疫情是可以人传人的，全国才开始了真正意义上的疫情防控。2月4日，国家卫健委高级别专家组成员李兰娟院士团队在武汉发布重大抗病毒研究成果："阿比朵尔、达芦那韦能有效抑制新型冠状病毒。"消息一出，众人备感欣慰和鼓舞，在这场"抗疫"战中，我们看到了曙光。这些我们看不懂的名词包含着无数科学家的付出，正是这些我们看不懂的名词，拯救了一个又一个的家庭。或许同学们觉得这一切离我们太遥远，那么就说说我们身边那些常见的事吧。此次疫情工作涌现出了大量的"90后""00后"，他们疫情期间跟随导师从事科研，与多家医院合作预测拐点等，由于时间紧急，他们经常研究疫情问题到凌晨两三点；他们自发参与社区的疫情防控工作，宣传传递科学防疫知识，用点滴力量构筑疫情防控的坚固防线。随处可见的都是他们的身影。

鲁达基曾说"知识是抵御一切灾难的盾牌"。有了知识，我们就会去寻找疫情发生的根源，会去积极寻求解决了办法，就能赋予更多的正能量，坚信春天一定会到来。

三、读书，能使人更坚强

史无前例的封城、实时更新的疫情数据、尚未确定的病毒源头，铺天盖地的消息扑面而来。在这个疫情蔓延的特殊时期，长期居家无疑会使人产生恐慌情绪，逐渐成为没染病的病人，将自己隔离在毫无意义的绝望里。但是同学们，有了知识便不会如此。真相本身不会造成恐慌，真相的缺席才会。因为未知所以恐惧，因为害怕所以恐慌。随着权威部门相关信息的陆续发布，我们知道了新型冠状病毒到底是什么，我们了解到病毒还可能通过气溶胶传播，我们掌握了相应的预防办法……我们了解，我们积极，我们无惧，我们用知识为自已打下了一剂强效的抗"疫"疫苗。

就像电影《美丽人生》中的小男孩在集中营等待援军到来一样,在居家防疫过程中,在汪曾祺散文集《人间有味》的引诱下,走进厨房为家人烹饪佳肴;在《中国通史》等纪录片里,重温历史风云变幻;借助《河西走廊》,探寻丝绸之路上的那些绚烂瞬间……在黑暗中,用知识为自己点亮一道光,勇敢淡定,微笑前行。

四、读书,会更懂得责任和担当

疫情暴发的时候,主动请缨前往防疫一线的医务工作者是那么大义凛然,明知这是与死亡接触的前线,却还是为了国家义无反顾;当大家居家隔离时,全国各地的人民警察、辅警及维护治安的社区工作者们,直面被感染的风险,积极投身于疫情的隔离封控、收治转运、帮扶群众等工作中;那些克服了种种挑战和束缚的媒体人,他们第一时间深入一线的报道,为疫情防控起到了积极促进的作用……还有许许多多为疫情防控工作做出巨大贡献的人,他们是各级公务员,他们是科研工作者,他们是自发参与抗"疫"的志愿者,他们是无数个"有一分热,便发一分光"的人。

他们是真正的勇士,知识铸就了他们的格局和胆识。正是这群人,他们在灾难面前,用实际行动跟我们说着别怕,病毒来了有我们挡在前面。同学们,读书不仅能开启人的智慧,更能激发我们的爱国情怀,责任意识和担当精神。

见多了"天下兴亡，匹夫有责"的例子，自然更能唤醒我们对祖国的情谊，更能树立榜样，对得起习近平总书记对我们"堪当大任"的评价。

三毛说过："读书多了，容颜自然改变，许多时候，自己可能以为许多看过的书籍都成过眼烟云，不复记忆，其实它们仍是潜在气质里、在谈吐上、在胸襟的无涯，当然也可能显露在生活和文字中。"同学们，青年一代有理想、有本领、有担当，国家就有前途，民族就有希望。生活有的时候可能很苦，但拥有了知识就拥有了光。疫情很快就会过去，春天也已到来。愿同学们都能种下青春之树，让青春在党和人民最需要的地方绽放绚丽之花。

个人简介

胡玉梅，女，讲师，中共党员，浙江杭州人，2019年毕业于浙江农林大学。2019年9月入职浙江旅游职业学院，现为酒店管理学院思政辅导员，曾获学院第五届辅导员职业能力大赛博文写作三等奖。

艰难困苦，玉汝于成

梁迎娣

同学们，大家好！

时光飞逝，距离新型冠状病毒肺炎疫情发生已经一个多月，距离我们原本的开学日期也已经过去了半个多月的时间。突如其来的疫情，让我们在祖国各地、在自己的家里守护着我们的"责任田"。2020年的寒假显得尤为漫长，你们无比期待能尽快返校上课，我也是。

还记得疫情刚开始的时候，我们的聊天记录里充满着对彼此健康安危的关心，对如何做好健康防护的叮咛，你们和家人的健康时刻牵动着所有老师的心。在此期间大家积极配合学校关于疫情防控的各项工作，迅速行动，发挥"美丽人生、艺路先锋"的模范带头作用，你们坚守实习工作岗位、你们报名疫情防控志愿者，你们主动捐款奉献爱心，你们不忘党员的初心和使命，在家乡、在自己的实习和工作岗位上，为抗击疫情尽一己之力，充分体现了作为新时代青年应有的责任与担当，我为你们感到骄傲。

目前，我国疫情已基本得到控制，但关注新闻的你我都知道，病毒还没有完全离开我们，又开始侵袭全球其他的国家，我们还没有到可以放松警惕的时候。很多同学都在问什么时候能开学，我理解你们的心情，但是现在仍然处于疫情防控的关键时期，为了确保所有同学的生命安全，在正式开学前请大家切勿提前返校。面对这个"最长寒假"，我们要积极配合学校的每日健康报告及任课老师线上教学等工作安排，同时，也是时候好好思考一下，这场疫情让我们获得了哪些成长。

一、疫情告诉我们要爱国

没有安定富强团结的祖国，哪来安稳幸福温情的家。一个具有强大凝聚力的国家是无数幸福小家的坚强保障。越是这样的危难时刻，越是能感知来自国家和民族的力量；越是在无情的灾难面前，越是能感受到"中国"这两个字带来的温暖与美好。数百台机器、四千余名工人争分夺秒修建医院；成千上万的物资调配武汉；全国各地纷纷采取有效措施控制疫情蔓延，落实到户，精准到人；各界人士踊跃捐款捐物。新闻报道中的这一件又一件小事，时刻感动着我们。无论是医护工作者夜以继日地辛苦付出，还是全国亿万人民众志成城地相互支持，都让人热泪盈眶。这就是今日之中国，强大的中国，团结的中国，有爱的中国。

二、疫情告诉我们要敬畏生命

生命的暗示无所不在，疫情与突发灾难更是对我们每个人的教育。在这场"抗疫"之战中，我们再次感受了人类生命的脆弱，小小的病毒竟然可以使成千上万人陷入生命危机，使上亿民众陷入焦虑与恐慌。惨痛的教训让我们意识到，在大自然面前，人类是渺小的，我们要学会认知生命、敬畏生命、尊重生命，树立珍视和热爱生命的价值观。防疫在家，我们更要适当地休息，不熬夜、合理饮食，无论是游戏还是追剧都记得适可而止。

三、疫情告诉我们要有规则意识

疫情当前，不断跳动的数字、不断更新的疫情实况，都在考验着人们的规则意识和理性。有的人无知无畏、心存侥幸，不加防护、不听劝阻；有的人无视规则、没有理性、造谣传谣。前段时间，某高校两名同学不听国家号召和学校安排，无视校规校纪擅自提前返校，给当前的抗疫工作增添了许多不必要的麻烦。一个强大的国家，需要有规则意识和理性成熟的公民。特别是面对疫情大考，我们更加要遵守规则，用更加理性和客观的态度对待当前发生的一切。

四、疫情告诉我们要有社会责任感

在这个特殊时期，公务员们从大年初一就开始上班，警察们一直在岗执勤，医生护士从未休息过，火神山和雷神山医院的工人更是连夜赶工，向世界展示了中国速度。还有为疫区运送蔬菜的菜农、货车师傅、84岁的钟南山院士……他们是这场没有硝烟的战役中的最美逆行者，在他们身上我们感受到了什么是社会责任感。在这场灾疫面前，我们大学生更要勇于担当、知行合一，不为防疫抗疫添乱，积极传播正能量，为打赢这场战"疫"做出青年人应有的贡献。

五、疫情告诉我们要懂得爱与感恩

自新型冠状病毒肺炎疫情发生以来，有这样一群人，闻令出征，舍下自己的父母、爱人和孩子，全力支援各地疫情防控攻坚战；还有这样一群人，在"封城"的情况下，公共交通停运、市内医护人员出行不便时，自发组织起来接送医护人员，协助运送医用物资，冒着风险、无私奉献……他们都有着一颗无价的大爱之心。病毒无情，人间有爱。这些逆行者的背影，温暖了我们每一个人，让这个不能串门拜年的中国年充满别样的温情，充满爱的力量。"哪有什么岁月静好，只不过是有人为你负重前行。"对于"抗疫"之战中这些心怀大爱的"逆行者"们，我们要心存感恩，并努力做一个充满爱、传播爱、奉献爱的人。

同学们，2020 年的寒假让我们终生难忘。多难兴邦，玉汝于成。春来"疫"去，一切美好都会如约而至。希望疫情过后的我们能更加成熟，不负时光、不负韶华!

个人简介

梁迎娣，河南许昌人，2017 年毕业于江西农业大学教育经济与管理专业，2019 年 9 月入职浙江旅游职业学院，任艺术学院辅导员，主要负责宣传、文明寝室建设、意识形态等工作，主要研究领域为教育管理、学生管理。2019 年度艺术系"最美班主任"，参与过多项省级课题研究，主持过校级课题并顺利结题，在省级以上期刊发表论文多篇，热爱学生工作。

我们都为这人间烟火，犯了相思

卢璐璐

芳菲四月的第一天，放晴了
看着阳光穿透厚厚的云层，稳稳地落在人间
就像是疫情期间，被灰色阴霾包裹的
却又不屈地迸发出光亮的那些温暖
散发着最世俗最朴实的人间烟火气
回顾这已三个多月的抗疫之战
看到了无数漫画创作与照片剪影
我最喜欢的，是那张"落日余晖照"
镜头里的两位主角
一个是 27 岁的援鄂医生刘凯
一个是 87 岁的患病老人王欣

老人是一位小提琴手
因为罹患危重症新冠肺炎
已经一个多月没看到过太阳了
3月5日，在护送老人出病房做CT的途中
刘凯看着夕阳洒下的余晖，停下了脚步
让病床上的老先生欣赏了一次久违的落日
正是这张看似平常无奇的照片
被网友们誉为"2020年最治愈照片"
为什么这张照片如此地打动人
我想这大概就是前人所说的
人间烟火气，最抚凡人心
我们从不曾像如今这般怀念窗外的阳光
因为那才叫人间烟火
那是我们曾经所拥有的，平淡无味的生活

尽管出门吃饭要排队
但是我们总是可以等到想吃的美食
尽管常常要追赶上课的铃声
但是我们可以与同窗好友相伴左右
尽管生活偶尔让人疲惫
但是在闲暇之余我们可以适当去放飞自我
原来那些当时再寻常不过的日子
却是我们心底深处最安宁踏实的时光
我怀念这嘈杂的烟火气，那庸俗的生活
听着同学们"嗒嗒嗒"的晨跑声
看着你们穿过纷纷攘攘的食堂
与同学坐在热闹的教室
专注地看着老师，记着笔记
被清脆的下课铃声吓一大跳
我想，你们也一定是怀念的吧
怀念旅院小西湖的微风轻拂杨柳
怀念南校区的神兽大白鹅戏逐红鲤
甚至也偷偷怀念着以往叫苦连天的早晚自习
我想，我们应该都为这人间烟火，犯了相思
疫情的阴霾已快淡淡散去
相信每一位同学都和我一样

惊叹强大祖国的人民至上

钦佩医护人员的逆行而上

自豪"90后"青年的责任担当

正是在国家的保障之下，在抗疫战士的庇护之中

或许不久以后，我们便可解这相思之苦

愿疫情结束之后，我们都能更加珍惜

珍惜拥有的一切，热爱身边的所有

期待再次与你们相遇在校园的早晨

一起在最美校园里畅跑畅聊

那树缝间穿梭的晨光，便是人间岁月

那华夏湖里倒映的靓影，正是我们的青春韶华

个人简介

卢璐璐，浙江东阳人，2019年毕业于浙江理工大学。2019年9月入职浙江旅游职业学院，任旅行服务与管理学院辅导员。曾获第二十九期全省高校新辅导员岗前培训"优秀学员"称号，学院"青春向党"理论宣讲比赛二等奖，学院宣讲团成员，学院第五届辅导员职业能力大赛博文写作二等奖、辅导员职业能力大赛三等奖，主持院级重点课题一项。

在战“疫”中学会成长——与同学们共勉

谭晨晨

　　庚子年初，突如其来的新型冠状病毒肆虐荆楚大地，蔓延至全国，改变了我们的假期模式，让寒假如此漫长，曾经的如期开学，如今也只能云上相会。这场始料未及的战“疫”打破了我们的生活常态，也给予了我们不一样的生之体验。

　　教育大师陶行知先生提出过生活教育的观点，主张“生活即教育”“社会即学校”。习近平总书记也曾勉励广大青年学生“既读有字之书，也读无字之书”。残酷的疫情夺走了几千人的生命，给国家、社会、家庭造成了重大损失，我们为此付出了昂贵且沉重的代价。这场疫情既是一次大难、一次大考，也是一堂大课。在习近平总书记的亲自指挥、亲自部署下，在党中央的统一领导下，万众一心、众志成城，书写了新中国历史上刻骨铭心的一章，带给了我们叩击灵魂的生命力量和发人深省的使命责任，去读懂国家、读懂自然、读懂感恩、读懂生命。

一、经此一"疫"，希望同学们能更加心系社会，深爱国家

疫情发生以来，党和国家将人民的生命安全放在首位，不惜采取"封城"等各项措施，坚决遏制疫情蔓延。荆楚有难，各方支援，众志成城，共克时艰。全国 40000 多名医护工作者共赴湖北，奔赴一线，各地救援物资夜以继日地火速运抵武汉……火神山医院 10 天建成交付使用，雷神山医院 6 天之内 3 次扩容，一座座"方舱"医院"立竿见影"，铸造起一个个生命之舟……我们看到了全国人民的万众一心、众志成城，也看到了创造奇迹的中国"火力"和"速度"，更深刻地感受到党和国家与 14 亿全国人民令行禁止的强大执行力、号召力、凝聚力。习近平总书记曾指出："我们最大的优势是我国社会主义制度能够集中力量办大事，这是我们成就事业的重要法宝。"这一强大的制度优势在本次中国战"疫"中得到了真实展现。同学们，经此一"疫"，希望你能厚植爱国情怀，增强国家认同，坚定"四个自信"，努力成长为"强国一代"。

二、经此一"疫"，希望同学们能更加心存敬畏，尊重自然

关于人与自然的关系，恩格斯曾提出过严正警告："我们不要过分陶醉于对自然界的胜利。对于每一次这样的胜利，自然界都报复了我们"，雨果说"大自然是善良的慈母，也是冷酷的屠夫"。钟南山院士也曾表示，从过去几十年发生的急性传染病的情况来看，接近 80% 都是从动物来的。小小病毒让几千人丧命，几万人感染，全国人民陷入焦虑与恐慌……这次疫情让我们看到

了在自然面前，人类的脆弱与渺小。《道德经》中讲道："人法地，地法天，天法道，道法自然。"人因自然而生，人应在遵循自然法则、自然规律的基础上顺势而为，不可凌驾于自然之上，擅自妄为。人与自然是共生关系，对自然的伤害最终会危及人类自身。同学们，经此一"疫"，希望你们能敬畏自然，尊重自然，顺应自然，保护自然，与自然和谐共处。

三、经此一"疫"，希望同学们能更加心记英雄，懂得感恩

鲁迅先生曾经说过："我们自古以来，就有埋头苦干的人，有拼命硬干的人，有为民请命的人，有舍身求法的人……这就是中国的脊梁。"疫情当前，无数逆行的身影为我们撑起了一方生命晴空。84 岁的钟南山院士挂帅，再战防疫最前线；73 岁的李兰娟院士无畏风险，奔赴病毒肆虐的战场；身患绝症的张定宇院长以渐冻的生命奋战在抗疫最前沿，"不计报酬，无论生死"，许许多多的医务工作者日夜奋战、无谓始终；无数的志愿者、基层干部、人民警察、快递小哥……舍小家为大家，为战"疫"逆行，其中不乏我们的校友、我们的同学。我们的老师为大家的学习转换战场成为主播，我们的班主任、辅导员为大家的平安日日关心守护，他们不是英雄却同样值得感恩。哪有什么岁月静好，只不过是有人替我们负重前行。"一个没有英雄的民族是不幸的，一个有英雄却不知敬重爱惜的民族是不可救药的。"同学们，希望你们看清他们的身影，记住他们的行动，不要忘记这个春天，不要忘记这个春天里的最美逆行者，不要忘记这个春天所给予你的感动与力量。

四、经此一"疫"，希望同学们能更加心向阳光，珍爱生命

世界卫生组织曾发文，"我们必须记住，这些是人，不是数字。"疫情的动态数字每天都在不断变化，时刻提醒着我们生命是脆弱的，生命有尽时。灾难来临，才知生命可贵。"时代的一粒灰，落在个人头上，就是一座山。"当这粒灰落下，大山压顶的时候，我们才前所未有地强烈感受到了对"生"的渴望。2020年已无法重启，逝去的生命已然逝去。草长莺飞、春暖花开的日子一定会到来，只是有些人再也看不到，再也闻不到，再也听不到了，他们的生命已戛然而止于此次疫情。同学们，而你我，要在深思之后，满怀信心地迎接明天，继续善良、真诚、勇敢地向前，让有限的生命历程充实、丰盈、尽兴、无悔。

让我们在战"疫"中学会成长。相信经此战"疫"，我们一定能全面胜利。也相信，疫情之后我们的学习和生活依然能一路阳光。

个人简介

谭晨晨，女，中共党员，山东潍坊人，2017年毕业于浙江财经大学马克思主义学院。2017年7月入职浙江旅游职业学院，任酒店管理学院辅导员。主持院级课题两项，荣获2019年度浙江旅游职业学院"优秀辅导员"称号。

做最好的自己，成为最好的我们

王琼琼

　　来势汹汹的新型冠状病毒肺炎，改变了我们的生活方式和学习模式。曾经热闹的街巷，此刻空空荡荡、冷冷清清。而宅家的你们——我最牵挂的学生们，也向我诉说着你们的迷茫、困惑和不安。在职业素养课上，谈及疫情，有同学说："老师，我们不太突出、不算起眼，如人海中的一颗沙粒，疫情让我们忧心忡忡却无可奈何，怎么破？"好熟悉的话语，让我不禁想起与你们的初次相遇——新生的首次班会。

　　当时的我，结束了学工部的借调工作，来到了酒店管理系；而你们，带着懵懂和憧憬踏入了大学生活。你们问我："大学生活充满了迷茫和不知所措，怎么破？"我在黑板上写下"做最好的自己，成为最好的我们"一行字。疫情当下的今天，我们来重新谈一谈这个话题。

一、从"最好的自己"走向"最好的我们"为何意

　　古今中外，不乏论述个体和集体辩证关系的内容，他们认为：二者相辅相成，辩证统一。《礼记·大学》有云："古之欲明明德于天下者，先治其国；欲

治其国者，先齐其家；欲齐其家者，先修其身；身修而后家齐，家齐而后国治，国治而后天下平。"修身、齐家、治国、平天下，彼此间的关系都是相辅相成、缺一不可的，如果失去某一个，国家就会像一个人失去身体的一部分一样，残缺而不完美。

马克思主义哲学认为，整体与部分存在辩证统一的关系。整体由部分构成，离开了部分，整体就不复存在；部分是整体中的部分，离开了整体，部分就不成其为部分。二者相互依赖，互为存在和发展的前提。因此，我们应树立全局观念，立足整体，搞好局部，统筹全局。

习近平总书记也曾在党的十九大报告中指出："青年兴则国家兴，青年强则国家强。青年一代有理想、有本领、有担当，国家就有前途，民族就有希望。中国梦是历史的、现实的，也是未来的；是我们这一代的，更是青年一代的。中华民族伟大复兴的中国梦终将在一代代青年的接力奋斗中变为现实。"

读至此，我亲爱的同学们，你是否真正理解了我曾书写在黑板上的那简单的一行字？虽然偌大的天地中，我们每个人都是其中的一颗沙粒，渺小、平凡、不起眼。但正是一颗颗沙粒，才构成了撒哈拉沙漠，正是一个个平凡的我们，才组成了这个不平凡的世界。疫情当下，幸与不幸都格外醒目，你感叹自己的平凡，但我想说，努力做最好的自己，在960万平方公里广袤的大地上，发出14亿分之一的光吧，汇聚的光芒终将熠熠闪烁，照亮神州大地。

二、如何从"最好的自己"走向"最好的我们"？

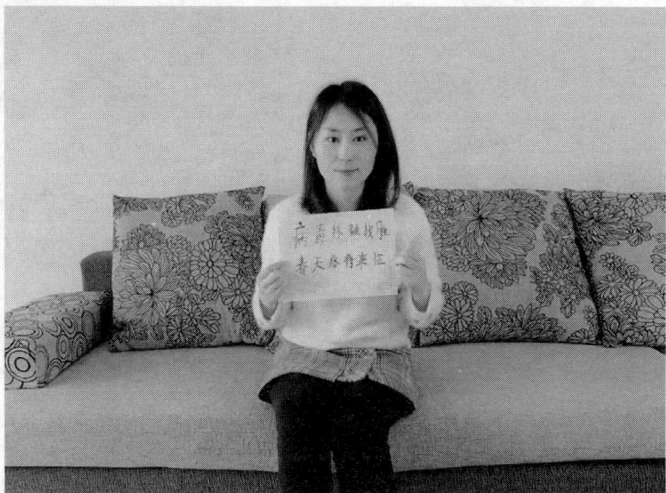

做最好的自己，始于内修其德。

面对疫情大考，84 岁的钟南山在劝诫大家不要到武汉去后毅然决然地奔赴一线，曾经被称为"垮掉的一代"的"90 后"换上了衣服，学着前辈的样子与死神抢人。那些奔赴一线的"最美逆行者们"，生动地诠释了奉献、责任、使命、担当、善意等美好的品质。处于人生重要拔节孕穗期的你们，志存高远敢担当、乐观向上勇向善、懂得感恩乐奉献……这些精神应当成为你们每一位青年学子的优秀品质。

做最好的自己，成于外修其能。

你们羡慕医生可以治病救人、救死扶伤，科学家可以研制疫苗、科学防控……我很欣慰你们的目光从浮华的娱乐圈转向了默默无闻的工作者们。要知道，他们从不喧哗却自有声，总能在祖国、在人民最需要的时候义不容辞。而他们挺身而出的背后，饱含了精雕细琢、精益求精的工匠精神，饱含了踏踏实实做学问、认认真真塑专业的职业技能。我国职业教育奠基人黄炎培先生曾说，职业教育的目的有三：一为个人谋生之准备；二为个人服务社会之准备；三为世界、国家增进生产力之准备。作为一所高水平的旅游职业院校中的你们，珍惜时光、勤勉修技应成为你们当下最重要的事情。

做最好的自己，终于温暖他人。

团结互助、自强不息是五千年的中华文明流淌在我们血液中的强大民族基因。一方有难、八方支援，向疫区捐赠蔬菜的老兵、奔赴疫区的一批批医务工作者、坚守一线的基层工作者……无数仁人志士爱心捐款、志愿服务，身体力行地传播善意，照亮他人。毛主席曾说过一句话"未来是你们的，也是我们的，但归根结底还是你们的"。你们勾画的未来是怎样的呢？同学们，你所站立的地方，正是你的中国；你怎么样，中国便怎么样；你若光明，中国便不黑暗。在你们的身边，也有不少奉献自己、温暖他人的榜样，如退伍士兵郎超、"最美标兵"郑丽萍、党员倪铖铖等。所以，切莫做精致的利己主义者，让为他人着想的善良成为你们的标签吧。

习近平总书记在疫情防控工作会议上指出："中华民族历史上经历过很多磨难，但从来没有被压垮过，而是愈挫愈勇，不断在磨难中成长、从磨难中奋起。"少年强则中国强，作为新时代的新青年，你们不仅仅是如今中华民族伟大复兴的见证者，更是未来实现中国梦的建设者。望你们涵养家国情怀，锤炼扎实本领，真正做到小我融入大我，在不懈奋斗中书写人生华章，让青春在党和人民最需要的地方绽放绚丽之花！

个人简介

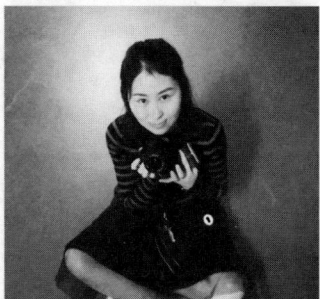

　　王琼琼，女，中共党员，河南洛阳人，2018年毕业于杭州电子科技大学马克思主义学院。2018年7月入职浙江旅游职业学院，曾借调学工部工作一年，现任酒店管理学院思政辅导员。主持院级课题一项。

宅家新战"疫"，这些模式你解锁了吗

王张静

嗨，我的同学们，疫情当前，许久未见，甚是挂念。在学校生龙活虎的你们，不知道在"史上最长寒假"里，有没有学新技能、长新本领？人生途中要学会"升级打怪"方能"劈波斩浪"，要拥有一技多能，方可游刃有余，宅家的日子里，这些战"疫"模式，你解锁了吗？

一、网课新态度——持久模式

从同学们开始上网课以来，我时常听到同学们讲到"网络不稳定""签到时间太短""App 老是崩""网课的作业比在校作业多"等声音。其实任何事情，都有其两面性，而我们要学会的就是取舍，趋利避害、取长补短，更要看到事情阳光、积极的一面。平心而论，我们坐在家里上网课是幸福的，河南南阳一位高三学生寒冬中在屋顶借 Wi-Fi 上网课,"凿壁偷光";小学三年级学生步行 10 公里上网课,他说:要是不学习,知识就比别人少,会掉队。女孩蹭网冲刺高考每天学 18 个小时,她说贫穷不可怕,因为贫穷才能激发斗志,自己会努力改变现状;云南姐弟雪地里烤火上网课,从早上 7 点多到晚上 10 点多;大三女生,爬到山顶接收信号,只能裹军大衣御寒。比起他们,我们是不是更要珍惜现有的条件,端正好态度,认真上网课?网课更考验同学们的自制能力、自学能力。这段"未知长度"的网课时间,以什么样的态度对待网课、能不能专心坐着听课、能不能保质保量完成作业就区别出了明天你我的去向。

疫情对于全国人民来说是一场大考,网课对于同学们来说就是一道"分水岭"。每天早上吃好早饭,换掉睡衣,避开家人的聊天,关上房门,拿好笔,翻开书本,打开电脑,端端正正地坐下听讲。做到如此,让"家里蹲"学习更有仪式感一些,我们都能积极向上!

二、周末新玩法——活跃模式

"客厅一日游""阳台一日游"都实现了吧?周末虽没有"万达""新城吾悦""来福士""万象城"的快乐,但是宅家青年也有"新玩法":一是"讨好母亲大人"法,把母亲大人手中的拖把抢过来,拖地时尽显"霸道总裁"范儿;

承包洗碗工作，哪怕妈妈说"你怎么能用这么多洗洁精"；离开虚拟的游戏世界，在客厅里多待一会儿，和家人聊聊天，和谐的家庭氛围应该轮到我们去营造了。二是"一家人变美"法，利用手机中的相机 App，把一家人一起生活的美好瞬间记录下来，花式拍照姿势让全家福更具欢乐味道。三是"厨房料理"法，凉皮、电饭煲蛋糕、包子、烧烤等都来一遍，甜咸皆有，口感丰富，老少皆宜，不仅增长了厨艺，更让家人知道，我们已经长大了，能把自己喂饱！

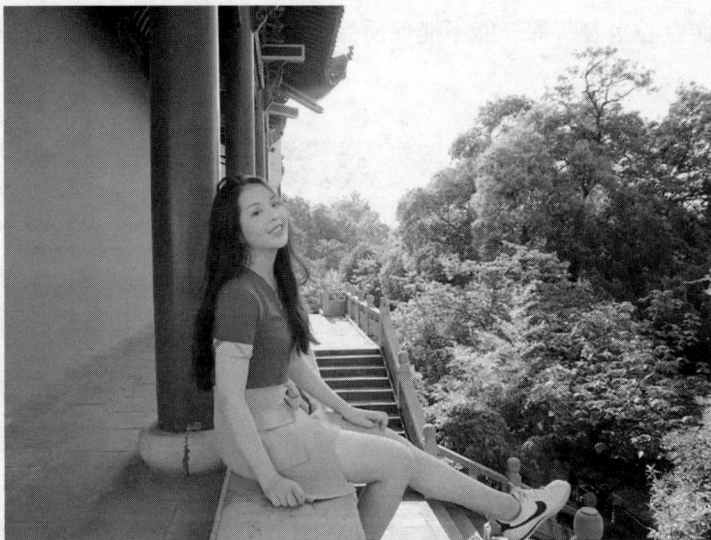

朱自清的《冬天》里说"从此故乡只有冬夏，再无春秋"，以往我们只能从朋友圈看到家乡的春意，而今年家乡的春色我们有幸可以赏一赏。背井离乡求取知识的同学们，请你们观察树上的第一抹绿色，记住第一声春雷，倾听第一场春雨，因为这些都是往后在异乡的"小安慰"，莫让心意再东流。

三、人生新思考——发展模式

疫情让我们的社会有了变化：所有人戴上口罩尽量不出门、所有娱乐场所全部关闭、大中小学延迟开学，仿佛一切都进入停摆状态、静音模式。那我们，什么都不做了吗？当然不是，湖北菜农骑电动三轮车行驶 40 公里给医疗队送菜；一名男子从土耳其背回口罩送给交警；武汉小姐姐每天给医院做 800 份饭；曾在武汉当兵 17 年的老兵除夕夜载着 5 吨蔬菜支援武汉；10 岁的女孩为武汉把小黄鸭储蓄罐的钱都捐了；导游从国外背回 2000 件防护服送给武汉医院；云南河口脱贫村 93 户村民为武汉捐赠 22 吨香蕉；汶川村民开车 36 小时自发支援武汉 100 吨蔬菜等。同学们，我们是不是也要做些什么？作为学生的我们，最不能停止的就是思考。

　　思考一下，当国家遭遇危难时，我能做些什么？有人支援物资、有人支援技术、有人支援科研能力，当我们看到众志成城的抗"疫"画面热泪盈眶，心里一定为祖国而骄傲，但感动的同时也请同学们明白——真正的关心来自强大！如果我们的国民生产总值是世界倒数，如果我们的医学设备不够先进，如果我们的科研技术总是落后，那今天这场疫情又是什么样的画面？正是因为祖国人民的齐心协力、科研人员的尽心尽力、医护人员的费心费力才让疫情得以有效控制。那么祖国的强大是怎么来的？靠的是你与我，是青年一代的我们！周恩来总理的"为中华之崛起而读书"不仅是一句口号，而是承载了家国理想的铮铮誓言。我们的读书声是国家发展的强大动力，我们的理想从一开始就和祖国紧紧相连，我们要和祖国同呼吸、共命运。我们到不了荆楚前线，但是我们可以做家乡的防疫志愿者；我们去不了医学实验室研制疫苗，但我们可以学好当前的专业。不拘于眼前，学会用发展的眼光看待问题，同学们从此不再是小小的我们，而是心里装着国家的大大的我们。

　　疫情不分国家，担当不分年龄。在这次疫情战争中涌现出许多逆行英雄：有除夕出征战"疫"的医务人员、有不辞辛苦不计报酬的"火神山""雷神山"医院建设志愿者、有为医护人员提供热饭热菜的"雨衣妹妹"，他们中有不少"90后""00后"。国难当头他们奋然向前，逆行而上，我们怎能安享喜乐，不思未来？怀抱爱国热情，践行青春理想，解锁只属于我们的独特模式。你我今天努力的样子，就是祖国母亲明天的模样！

个人简介

　　王张静，毕业于浙江师范大学，现任浙江旅游职业学院工商管理学院辅导员。曾获浙江旅游职业学院工商管理学院优秀班主任荣誉称号。

"停课不停学"期间，如何做好心理调适

夏希妹

如今在家上网课的你
是否无比想念校园时光
抱起书本匆匆赶去教学楼的身影
朝夕相处的同学
亲如家人的室友
严谨而又风趣的老师
以及校园中的一切

　　2月中下旬，我们本应与老师、同学相约校园，开启新学期，然而因为疫情的影响，返校学习的计划被迫打断。停课不停教，停课不停学，按照教育部、浙江省教育厅的统一部署与要求，各高校及时制定了线上教学方案，组织教师参加"线上教学"培训。于是，"线上教学"走进了我们的生活。

　　经过了近1个月的网络学习，我们已经从最开始的小激动、小兴奋，逐渐

演变为因网络卡顿、各个平台间手忙脚乱的切换和难以专心学习等问题，对"线上教学"有些不适应，甚至抱怨。有些同学提不起学习兴趣，集中不了注意力，一边吐槽抱怨，一边又怕落下学习进度，每天在矛盾中焦虑、无助、恐慌，甚至愤怒……

但"线上教学"还在继续，学分还要挣，旷课不敢有，奖学金还想冲，目标还立在前方，理想还在心中，怎么办？督促自己学习的理由有千万条，但良好的学习状态是第一条。同学们，如果你也有以上学习困扰，不如试试下面的办法，调适一下自己的心理状态吧！

一、心怀感恩，懂得理解与尊重

自教育部提出利用线上模式保障疫情期间学生停课不停学以来，很多人都在经历着前所未有的挑战，我们第一次尝试云听课、云讨论，老师们又何尝不是使出十八般武艺首次在镜头前当起了网络主播。除此之外，为了保障各大线上教学平台的正常运营，众多互联网企业的工作人员，尤其是研发团队通宵做扩容，调试服务器……尽管目前线上学习仍有卡顿，但是坚信在大家共同努力下，我们的线上教学会越来越顺畅。哪有什么岁月静好，不过是有人在替我们负重前行。特殊时期，让我们感恩每个人的付出，给予他们更多的理解与尊重，齐心战"疫"，共渡难关。

二、增强体能，保持精力

精力管理的金字塔模型将人的精力分为 4 种：体能、情感、思维和意志，位于金字塔越底层的精力越基础，且底层的精力影响上层精力。如果说汽车要在公路上安全而快速的行驶离不开良好的车况；人也一样，如果我们想高效率的学习，就离不开一个健康的体能，良好的体能是精力充沛的基础。睡眠不充足、饮食不规律或者缺乏锻炼，体能势必会受到影响。那么，我们的情感、思维和意志都会受到牵连。体能不足，会导致我们无法集中注意力、听不进去课，甚至会出现易怒、情绪敏感、自我约束能力降低的现象。

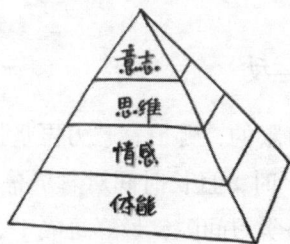

三、优化学习环境，提升学习效率

在家听课我们要为自己创造一个良好的学习环境：一个独立而安静的学习空间、明亮的光线、整洁的书桌、高度适中的座椅、干净的笔记本等。网络学习期间，换掉慵懒的家居服、关掉手机里的娱乐软件，清理干净视野范围内无关学习的物品，让环境给自己一个清晰的提示：学习开始了！良好的学习环境是一个好的开始，学习心态会随着学习环境的改变而不断调适，学习效率才会有所提升。

四、劳逸结合，适当运动

人的注意力维持时长是有限的，哪怕意志力再坚强的成人，其注意力的稳定性最长一般也不能超过 2 小时，且长时间对着屏幕，很容易引起眼睛疲劳、颈椎、腰椎不适。所以，网络学习间隙，最好每隔 1~2 小时主动休息一下，比如：做做眼保健操、向远处眺望或者做一做比较舒缓的运动，对于我们接下来集中注意力听课都是很有帮助的。

　　亲爱的同学们，居家抗疫期间，让我们照顾好自己的心，保持住对学习的热情，对生活的热爱。莫道浮云终蔽日，严冬过尽绽春蕾。相信在以习近平同志为核心的党中央的坚强领导下，我们终将战胜疫情，平安地在校园相遇。

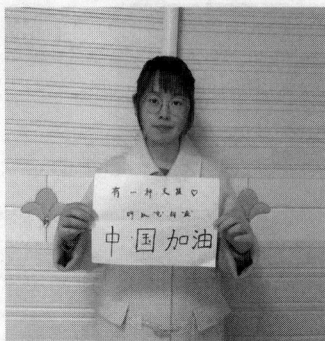

个人简介

夏希妹，浙江旅游职业学院艺术学院辅导员，毕业于上海师范大学应用心理学专业，主要负责学生日常管理、资助管理、安全教育和心理健康教育工作，国家二级心理咨询师，2019年度艺术系"最美班主任"。

宅家 60 天的"宅王"有话要说

杨梦芸

亲爱的同学们：

　　曾经在各大社交媒体上宣称自己是宅男宅女的各位，你们坐实"宅王"的身份了吗？作为一位籍贯在湖北的旅院人，我已经整整宅家 60 天了。在各大社交网络上，经常刷到各种虚假的视频和段子，造谣湖北人居家隔离的现状。今天，我想以一位湖北荆州人的身份，给大家简单介绍一下目前以及在整个疫情期间的感受。

　　1 月 23 日武汉封城，1 月 24 日荆州封城。封城以来，每天早上每家每户都会进行统一的体温测量，每三天会有一位采购员负责小区居民的买菜、日常用品的采购，基本生活物资很充足。我的父亲是公职人员，会进行挨家挨户的排查工作，在排查工作进行时会配给规范的防护服、口罩等一系列的防护用品，排查工作完成后收到了政府统一下发的中药，并在工作后统一被安排到医院进行肺部的 CT 检查。我的很多朋友都在武汉，他们虽然隔离在家中，但是基本生活用品都有切实保障，并且可以使用京东等线上平台进行购物，实现从网上购买日常物资。

　　我有一个同学加入了紧急成立的"雷神山突击预备队"，加入雷神山医院的建设工作。我问他，这14天的志愿经历让你印象最深刻的是什么？他说，印象最深的是每天看到从全国各地支援武汉的物资运送车辆络绎不绝，车身上打着各种加油、祝福的横幅。他说，这座陪着我长大的城市生病了，我必须要贡献自己的微薄力量。我想，正是这一位位志愿者凝聚了共克时艰的磅礴力量，才让一项项看似不可能完成的任务能够顺利完成。

同学们，制度是最显著的优势。一项项看似不可能完成的任务在短时间内顺利完成，充分展现了中国出色的领导能力、应对能力、组织动员能力。随着疫情在全球的蔓延，世卫组织大声疾呼：拿出勇气学习中国经验。访华专家说，最让人感动的是每个中国人都知道该怎么做，他们知道自己的角色，有足够的行动力。同学们，大学生是与新时代共同前进的一代，相信你们在疫情防控的斗争面前，一定能明晰自己的身份，传播正能量，不造谣、不传谣、不信谣；你们一定会肩负起时代赋予的使命与责任。

如今，经过艰苦努力，中国的疫情防控形势积极向好的态势正在拓展，经济社会发展正在加快恢复。连续十六天，我所在的城市荆州实现了病例零新增，我的湖北健康码变绿了，油菜花开了，春天马上就要来了。希望能早日健康地回到杭州和同学们相会。

个人简介

杨梦芸，湖北荆州人。2019 年毕业于浙江理工大学。2019 年 9 月入职浙江旅游职业学院。曾获学院第五届辅导员职业能力大赛博文写作一等奖、辅导员职业能力大赛二等奖、"青春向党"理论宣讲比赛二等奖，学院宣讲团成员。

第四辑

吾辈共进　闪耀青春

和平来之不易，吾辈当自强不息

曹 敏

近期，俄乌局势引发社会各界广泛关注，微博上关于俄乌局势的词条霸屏，很多网友感慨"一觉醒来，见证历史"。生活在和平年代的我们，本没有什么可以使我们受到巨大威胁，战争似乎离我们远去了很久。殊不知，还有许多国家笼罩在战争的阴霾当中。我们要明白和平的来之不易，珍惜当下的安宁生活。

一、不忘历史，缅怀先烈

历史不能忘记。习近平总书记在纪念中国人民抗日战争暨世界反法西斯战争胜利 70 周年大会上的讲话中强调，"偏见和歧视、仇恨和战争，只会带来灾难和痛苦。相互尊重、平等相处、和平发展、共同繁荣，才是人间正道"，充分展示了我们以史为鉴、维护和平的坚强决心。

正视历史，缅怀先烈，面向未来，应该成为我们心中永远不变的主题。战争的残酷从未远去，历史的悲歌仍在回荡，先烈的鲜血绝不会因时光流逝而褪色。

前段时间电影院里热映的史诗巨制《长津湖之水门桥》，展现了抗美援朝战争的艰苦和惨烈，也让我们看到那些为我们浴血奋战、舍生忘死的英雄们。影片中，七连又接到新任务，炸掉水门桥，阻断美军退路。志愿军战士身穿单薄的棉衣，在战备不足、敌我力量悬殊的情况下连续三次炸掉水门桥，而美军又连续三次修复。"桥在，任务就在！"在钢与血的较量中，志愿军战士用血肉之躯诠释了中国军人无畏的精神和英雄本色。正是因为有这些舍生忘死的先烈们，才有我们今天和平安宁的幸福生活。

二、珍惜和平，致敬英雄

1914 年的圣诞节，第一次世界大战中的法国战场上出现了奇异的一幕：战线两侧的同盟国和协约国士兵不约而同地放下武器，爬出战壕，走到曾经的"无人区"庆祝节日，交换礼品。这就是著名的"圣诞节停战"。人性的光芒终未被残酷的战争所掩埋。

我们无时无刻不在向往和平，只有和平，才能发展；只有发展，才能更好地保卫和平。在国际社会中，和平来源于国家的强大。我们今天幸福安宁的生活，都是基于国家和平稳定的前提下。

几年前，在国外版的知乎上，"中国有多安全"这个话题火了，不少外国人纷纷对中国良好的治安情况表示赞叹。但是我们要知道，我们并不是生活在一个和平的时代，而是生活在了一个和平的国家。我们的美好生活得来并不容易，无数"最可爱的人"组成坚固的堡垒为我们保驾护航。你也许不知道，在青海和西藏之间海拔 4000 米的铁路上，那里荒无人烟且天气极端，沿途仍有士兵站岗执勤；你也许不知道，"身穿绿军装，手握冲锋枪"的戍边战士冒着生命危险，依然发出"清澈的爱，只为中国"的战斗宣言；你也许不知道，危难时，总有一群英雄挺身而出，"若有战，召必回"是他们的信仰！

三、面向未来，热爱祖国

和平与安宁，是一个国家稳定发展、繁荣富强的重要保障，强大的国家是我们每一个中国人坚强的后盾。

东京奥运会上，中国选手巩立姣在田径女子铅球决赛中夺得冠军。赛后采访时，巩立姣流下了激动的泪水，她说："这一刻我等了21年。首先，我得感谢国家对我的培养，因为没有国家，就没有现在的我。"对巩立姣来说，她感谢祖国，是强大的祖国成就了今天的她。

同学们，你可知如今强大的祖国，五千年的华夏文明，也是经历了无数次的内外忧患，在一次次的苦难中崛起的，这靠的是什么？靠的是，烙印于中华民族血脉之中的爱国主义精神！这两年，疫情就是命令，防控就是责任，我们看到，每一次举国上下一盘棋的抗疫之战中，医无私、兵无畏、民齐心，一幅幅众志成城、共克时艰的抗疫画面，正是中华民族爱国主义精神的时代写照。大学生作为实现中华民族伟大复兴的中坚力量，传承和继承爱国主义精神难道不是我们义不容辞的责任吗？

和平来之不易，吾辈当自强不息！让我们铭记历史，缅怀先烈，珍惜和平，热爱祖国，人人都用实际行动做好自己的分内事务，为实现中华民族伟大复兴的中国梦贡献一份力量，为维护和平做出贡献！

个人简介

曹敏，女，河南信阳人，中共党员，英语翻译硕士。2019年毕业于北京第二外国语学院高级翻译学院。2020年3月入职浙江旅游职业学院，现为旅游外语学院辅导员。主持校级课题一项，曾获2021年度优秀辅导员、浙江旅游职业学院"辅导员工作案例大赛"三等奖、浙江旅游职业学院第三届辅导员党史理论宣讲比赛三等奖。

冬奥精神闪耀青春之光

柴钧杰

　　和风拂面，银装褪去，春上梢头，万事启程。漫长的寒假已渐行渐远，新的学期正热情地呼唤着我们。北京冬奥圆满落幕，冰雪健儿熠熠生辉，相信同学们一定在观赛中惊叹于各国选手华丽的高难度动作，陶醉于冰雪运动的激情和魅力，也必将感受到了冬奥精神的生生不息和民族复兴的势不可当。

一、胸怀理想和感恩

　　生命的意义在思考，每当下课铃响起，同学们是否会留给自己五分钟思考一下今天的付出与收获，离既定的目标更近了还是有偏差了。"为中华之崛起而读书"是周恩来总理在少年时代立下的宏伟志向，也是每一位莘莘学子可以作为学海坐标的人生追求。近期，"内卷"一词流行在各行各业，但你是否真的理解何为"内卷"？奥运冠军谷爱凌认为，她的目标永远不是打败别人，而是不断挑战自己、战胜自己。人生路上的每一秒并非都有意义，但都会影响未来的每一步。不论风云如何变幻，不论遭遇挑战还是偶遇幸运，相信同学们坚持吾日三省吾身，不畏旅途的乏味与坎坷，感恩挫折的光顾与艰险，日后定能成为一个志向远大、成就斐然的新时代青年。

二、习惯拼搏与坚持

新时代是追梦者的时代，也是广大青少年成就梦想的时代。习近平总书记在给苏翊鸣的回信中高度肯定了中国冰雪健儿在冬奥会上的奋勇拼搏和优异表现，鼓励广大青年树立远大的人生理想，以咬定青山不放松的劲头为之奋斗。回首望去，图书馆里的座位在多少个清晨被填满，宿舍书桌上的台灯在多少个夜晚被调亮，人生的青春时光有多少个昼夜如此充实，大学学习生活不正应如此吗？行百里者半九十，对照每一位奥运冠军，不难发现他们都有两个习惯：习惯拼搏、习惯坚持。若将拼搏比喻成巨轮的破冰器，那坚持则是远行的发动机，成功从来不是从天而降的，从无名之辈蜕变为世界之最必将经历一番心志之苦、体肤之劳，唯有拼搏和坚持相伴相随，与你共同见证收获与曙光的忠诚伙伴。

三、需懂得美美与共

一花独放不是春，百花齐放春满园。在北京冬奥会自由式滑雪空中技巧混合团体赛中，贾宗洋在第二跳时出现了失误，使中国队处于落后地位。压力已然落在这位老将心头。在这上关键时刻，徐梦桃、齐广璞纷纷过来安慰，疏导贾宗洋，鼓励他再接再厉，这一幕成为赛场上最令人动容瞬间。想必同学们在校期间也曾遇到过这样的感动时刻，群策群力完成课后的团队作业、你我分工举办团学活动、欢声笑语漫步于校园景区等经历也将成为人生中的美好回忆。希望同学们主动将个人发展融入集体的发展，懂得主动欣赏他人之美、发挥自身之美，以共融的心态和思维接纳新鲜事物，以真心和爱心坦诚待人，共同创造和谐友善的校园氛围。

　　铢积寸累，种学绩文，高塔在坚守中层层筑起，青春在拼搏中熠熠生辉。奋斗是青春最靓丽的底色，让我们理性地思考，大胆地说话，勇敢地前行，与时代同行，一起向未来！

个人简介

　　柴钧杰，男，浙江桐庐人，中共党员，法学硕士。2021年毕业于浙江理工大学马克思主义学院。2021年9月入职浙江旅游职业学院，现为旅游规划与设计学院辅导员。

劳动最光荣，奋斗最幸福

李奥运

五一小长假快到了，想邀请同学一家来杭州游玩，却得知他要回家插秧，顿时感叹，他这个老师言传身教做得真好。后来细细品味，劳动节"回家插秧"，不得不说，真的没有比这个更应景的了。

之所以觉得应景，是因为我们可能正在忽略事物本身存在的意义。当前，社会进步与发展节奏越来越快，而我们却正在遗忘最初的理想。

　　回到话题本身，劳动节快到了，如果不是疫情的缘故，也许大部分人都已经安排好这个小长假的出行计划了。由此看来，我们或多或少地已经把劳动节的原义忘记了。对于劳动节设立的初衷，同学们可能没有那么了解。其实不难理解，就像端午节吃粽子、赛龙舟是为了纪念爱国诗人屈原；劳动节的设立，当然是为了庆祝劳动，是全世界劳动人民的节日。

　　1889年7月，为纪念迫使资本家实施八小时工作制而引发的工人抗议活动，恩格斯组织召开的第二国际成立大会通过决议，宣布将每年的5月1日定为国际劳动节。中华人民共和国成立后，中央人民政府政务院于1949年12月做出决定，将5月1日确定为劳动节。1989年以后，党中央、国务院每5年都会表彰全国劳动模范和先进工作者。这就是"五一"国际劳动节的由来。

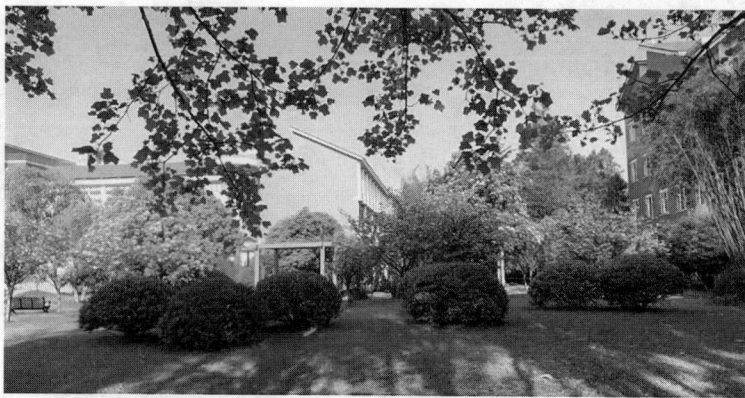

我们再往上追溯，显而易见的是，自古以来我们就有重视劳动的优良传统。虽然古人并没有直接对劳动进行反思，可能也没有将其上升到哲学的层面进行形而上的思考，但我国自古就对"劳动"非常重视。譬如，"耕读传家"的家训，将"耕种"和"读书"两种劳动行为上升到家族（家庭）传承延续的层面，可见古人认为这是能让家族（家庭）传承久远的方式。所以，正是由于对劳动的重视，勤劳成为中华民族几千年传承下来的优良传统美德，也是中华民族核心价值观之一。

劳动最光荣，奋斗最幸福。历史唯物主义认为，劳动创造了人本身。可以说，没有劳动，就不会有人类脱离动物状态而转变为人；没有劳动，就无法创造价值和财富；没有劳动，就难以创造人类社会的历史。随着社会分工越来越细，脑力劳动、体力劳动早已不分彼此，劳动更没有高低贵贱之分，但是劳动的重要性却越来越凸出，因为"实现中国梦，创造全体人民更加美好的生活，任重而道远，需要我们每一个人继续付出辛勤劳动和艰苦努力"，正如习近平总书记 2013 年 4 月 28 日在同全国劳动模范代表座谈时的讲话中强调的"必须牢固树立劳动最光荣、劳动最崇高、劳动最伟大、劳动最美丽的观念"。

作为新时代的大学生，劳动光荣、奋斗幸福并不能仅仅停留在口头上。将勤劳、奋斗等优良品质内化于心、外化于行理应做到：

要相信劳动创造未来。现在不少人喜欢拿"家里有矿"来说事，但我想祖祖辈辈换来的"家里有矿"，这是他们劳动的结果，更何况事实上并非人人家里都有矿；守株待兔、不劳而获也并非正道，只有靠自己的双手辛勤劳动才能创造美好的生活，只有奋斗的人生才称得上幸福的人生。

要撸起袖子加油干。每个人都会工作、奋斗、劳动，但并非每个人都能开局冲刺、中途加速。保持一往无前的气势往往需要我们不断给自己提气。所以，新时代的大学生必须勇担使命，勤劳奋斗，这样才能实现你的个人梦，实现民族梦，实现中国梦！

个人简介

李奥运，男，安徽六安人，中共党员，讲师，硕士，毕业于安徽师范大学思想政治教育专业。2016年8月入职浙江旅游职业学院，曾任旅行服务与管理学院辅导员，主持党建研究会课题一项，参与院级课题两项。

唯有热爱，可抵岁月漫长

李雪妍

　　寒窗数载，奋力一搏。每年夏季，伴随着高温，同样火热的是社会各界对高考的高度关注。今年，一位考古界"小郭襄"志愿填报的插曲，引发了全网热议。独立自强的湖南留守女孩钟芳蓉以 676 分的高分获得湖南省文科第四名的好成绩，当她选择报考北大考古系时，引发了网友们的讨论：有人说她家境贫寒，应当报考应用性更强的工作；有人说报考志愿要慎重，考古没"钱途"……而她的坚持在于对考古的热爱，对中国古代文化的痴迷，对于樊锦诗先生的崇拜。她说志愿选择源于喜欢，喜欢就够了！简单的理由，热切又真诚，打动了万千被生活磨平棱角的人，也让很多人开始反思是何时弄丢了那个瑰丽的梦。

一、唯有热爱，不可辜负

少时的梦啊，没有物质的精确考量，只有满心欢喜的热忱与希冀。成为青春里激励我们奋进的号角，描绘美好未来的画笔。人的一生，若是能够为理想拼搏，将脑中想象出的美好未来变为现实，方能感受到生命所馈赠的惊喜。这是何其的幸运与美好。只有体味了跌宕起伏来时路的艰辛，知晓征途中的酸甜苦辣，才能对自己和这个世界有更为深刻的认识。因为热爱，每一个平凡的日子都变得闪闪发光。来时路途中的荆棘也变得意义非凡。生活不止眼前的苟且，还有远方闪烁的星光。

二、选择热爱，选择坚守

热爱不应仅仅是挂在心里，也不能只停留在嘴边，需要以坚持与行动作圆梦的桨。"行百里者，半九十"，坚持与韧劲才能让我们看到终点的光。16年前的雅典奥运会上，44岁的射击老将王义夫用长达24年的时间给我们讲述了关于坚持不懈，为国争光的故事。从1984年开始，他六次征战奥运，两次获得金牌，是迄今为止中国年龄最大的奥运金牌得主。他对祖国，对奥林匹克事业深深的热爱和坚韧不拔，永不放弃的精神，让体育梦永不停止，追梦永远在路上！

我们有幸成长在一个百花齐放的时代，努力便可创造无限可能。风雨兼程的日子，奔波忙碌的人生都在靠近梦想的彼岸！

三、因为热爱，当知使命

理想与热爱往往伴随着精神层面的强大力量，而这个强大力量的来源是它所蕴含的神圣使命。小芳蓉的偶像樊锦诗先生，从北大考古系毕业以后便扎根大漠，潜心石窟考古研究，五十多年只做一件事，为敦煌文物的保护与研究谋划着宏伟蓝图。她说："此生命定，我是莫高窟的守护人！"每一代的敦煌工作者都将青春奉献给了敦煌，这是沙漠戈壁也无法阻挡的热情与使命。让壁画彩塑千秋万代，敦煌文化绵延千载，是刻在他们心底的诺言。

当我们走上工作岗位，每个人都有自己需要承担的责任，践行的诺言，完成的使命。仰望星空的时候不要忘记脚踏实地，在工作中一丝不苟，努力奋进，发挥自己的一点光和热，这就是我们平凡日子里的"以梦为马，不负韶华"！

唯有热爱，可抵岁月漫长，愿你我初心依旧，征途不止，长风破浪会有时，直挂云帆济沧海！

个人简介

　　李雪妍，安徽黄山人，女，中共党员，2017 年毕业于湖南师范大学，2018 年 7 月入职浙江旅游职业学院，现为旅游规划与设计学院辅导员，主持院级课题一项。

无奋斗不青春

芦 婷

从 2003 年来到旅院，至今已有 15 年。其间，我送走了一届届的学生，见证了一个个青春的故事。

在这个充满着各色鸡汤的年代，我仍然想说，无奋斗不青春。

2018 年，我开始上职业生涯规划课。记得职业生涯规划课的培训老师说，很多人都会觉得这个课不实用。

职业生涯规划——有多少人拥有选择的权利和能力呢？有多少人是一边行走一边发现理想的越显丰满，现实的越显骨感呢？又有多少人是一边流泪，一边在自己理想之路上爬行呢？

昨天一位 2014 级的学生小郭"打滴" 200 多块钱，绕过了整个杭州市区来看我。他是导游专业 3+2 的学生，2015 年去了北京凯撒实习。因为机遇也因为个人能力强，大半年后，他就可以独立操作凯撒的邮轮项目了。2017 年，虽然在北京发展得不错，但他觉得这不是他想要的生活，就裸辞回了杭州。

回到杭州后，他辗转换了几个工作，最后遇到了现在的投资人，开始创业。

我知道他最近很心累。他告诉我说，他即便是回家都不敢跟人说自己是 1996 年出生的——哪有 22 岁的娃活得像他那么沧桑的。那一刻，我立马脑子里出现了许多人的身影。这些人中有很多跟他一样，选择了创业。很多人虽然没有选择创业，但也为了一个理想中的未来，拼得头破血流。有一些人辗转多年，却一直原地踏步；有一些人，披荆斩棘，走出了一个不一样的人生。

于是我很认真地跟他说，有的，22 岁活那么沧桑的好像还不少。

小郭以前就常常听我讲故事。所以，这一刻，他认同了我的说法，他不是唯一"苦逼"着的人（其实是为着梦想拼命的人）。于是，他就那么眼睛"亮晶晶"看着我，跟我说"那我就在黑暗里行走吧，等这回的创业成功了，等我有钱了，我要去做理想中的旅游"。

我很认真地告诉他：其实人还有梦想可以去追求是一件幸福的事情。

于是，我开始上课了，职业生涯规划课。

我说，我上这个课先来跟大家谈谈人生，谈谈理想。满屋子的学生开始笑。我又说，你们会不会觉得都已经学了这个专业了，再来谈职业生涯是不是有一些晚了。又半屋子的学生一起点头。我给他们看了个视频，北大的宣传片《星空日记》。一开始看的时候，下面还有各种声音，渐渐地，下面的声音没有了，渐渐地，有一份情绪流淌在教室里。

我告诉他们，很多人会觉得自己没有选择的权利，但其实不过是自己把自己给圈养了。我也曾想好好学习，但回到寝室就开始玩游戏、看剧。有人说，《星空日记》里的主人公可以选择，是因为他在北大。我说，他可以选择，是因为他把人生的每一步都活出了一个对钩。我们学习一个专业，是要学习专业的精神，而不是学习一个职业。我们进入一个行业，是要在行业里活成一朵翻滚的小浪花而不是给自己圈死在一个什么样的岗位上。

人的一生，就好像在爬一个梯子，什么时候，停下来了，也许你这一生都会一直在停下的这个高度。

我们还可以专升本，我们还可以考研，我们还可以出国进修，我们还可以自主创业。为什么，我们的生活就注定了等别人来告诉我们，我们应该做什么？为什么，我们的未来，就是在招聘会上等着别人来评价你行还是不行，然后在别人的选择中走向自己的下一段人生？

所以，其实，我们还是可以有梦想的，我们还是可以不做咸鱼的，我们还是可以上一下职业生涯规划课的。

个人简介

芦婷，女，中共党员，2003年入职浙江旅游职业学院。目前负责旅行服务与管理学院就业工作。是浙江旅游职业学院社团联合会创始人，曾获得过"浙江省优秀社团干部""浙江省优秀社团指导老师"称号。曾获得过浙江省旅游系统"优秀共产党员""最美共产党员"称号，曾在2011届毕业生调查中获得过对学生人生成长最有帮助老师的评价。

你是我的荣耀，我在你的身后

吕月爽

开学季如期而至，你是满怀期待，还是因疫情防控早已内心平静？

这个暑期仿佛发生了很多事，仿佛又什么都没发生：郑州特大暴雨，不到半天时间淹没了整个城市；南京禄口机场新冠疫情暴发蔓延全国 15 省 31 市，毛老太更是以一己之力让古城扬州停摆至今；国门外，美军从阿富汗撤兵，塔利班占领首都喀布尔……世界局势每天都有热点，而我们个人，从假期之初的"烟花"到疫情，暑期的快乐好像只剩打游戏和追剧了。

一、你是我的荣耀——点燃星星之火

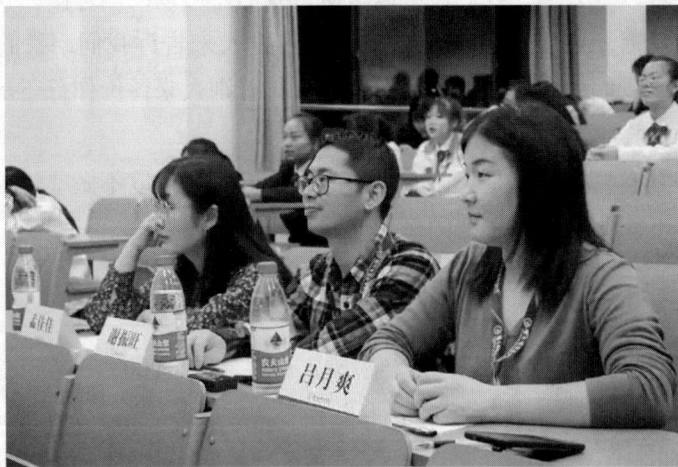

生活在这样一个瞬息万变又似乎一成不变的时代是什么样的体验？这让我想起了暑期大热的"人类高质量偶像剧"——《你是我的荣耀》，面对理想与现实的矛盾，于途也会自卑迷茫，但"见过最多星星的兔子"还是打起精神奔

赴未来！对于个人而言，无论选择星辰大海还是柴米油盐都无可厚非，向前走就对了，踟蹰不前、浑浑噩噩才是大忌！一如我们的大学时代，躲进小楼偏一隅，混日子只会不断地消磨我们，到最后变得没有选择！

鲁迅先生曾说：愿中国青年都摆脱冷气，只是向上走，不必听自暴自弃者流的话。能做事的做事，能发声的发声。有一分热，发一分光，就令萤火一般，也可以在黑暗里发一点光，不必等候炬火。

二、你是我的荣耀——热爱就要全力以赴

说起这部不太一样的偶像剧，让人津津乐道的是男女主的事业线，女主对行业认知的清醒，男主对航天事业的热爱！这也在提醒着我们，生活不要局限在自己的小世界中，更要积极地融入学校乃至社会的大环境中。剧中，身处万众瞩目的名利场，乔晶晶说："我毕竟是个演员，综艺再爆，广告再火，只能带来短期的关注和流量，时间长了，这些都是会湮没的。最后大家总结的时

候，只会看我有哪些拿得出手的角色和作品。"对于初入大学校园的小哥哥小姐姐们来说，我们毕竟是个学生，爱豆再帅，网红再赚钱，只能带来短期的快感和收益，这些没准都是坑。捂紧自己的口袋，装满自己的大脑，最后毕业的时候，简历上写的是你的专业学习、校园活动、社会实践成果！我想，青年学生奔赴时代大环境的第一步，应该从防火防盗防诈骗做起、不被浊流所累，做个清醒的人！

罗曼·罗兰说："世界上只有一种英雄主义，便是注视过生活的真面目后，依然热爱它"，少一些戾气，对生活多一些热爱与全力以赴吧！

三、你是我的荣耀——我们是你的后盾

"我们"是谁？我们是你的辅导员！是的，国家没有给你分配男（女）朋友，却给了你一个辅导员：她可以在你失落迷茫的时候帮你找寻方向；她可以在你经济窘迫时给你爱的秘密援助；她可以在你努力奋斗时为你贴上荣誉的勋章；她还可以为踌躇满志的你提供一个展示的平台；当然她也不好"惹"，你做错了，照样"惩罚"你……她不是女朋友，但她就是那个：有点名气、漂亮、不要你的钱、工作努力、对你专一、不矫情、做什么事先为你考虑的完美"伴侣"！你的身后有辅导员：感冒发烧，我们陪伴你就医；心情低落，我们给你打气；日常琐碎，我们统筹办理；未来发展，我们提供资源；我们不需要你付出什么，你的平安就是我们最大的心愿，我们也不需要你凭什么，你是旅院学生，就足够成为我们的荣耀！

如果问我这段"感情"有什么遗憾，我想那就是三年太短，短到还没跟每一位老生好好告别，你们就要走了；短到还没跟每一位新生诉说未来，你们就成了老生！唯愿还在校的你们，好好学习，天天向上，锻炼能力，积攒经验，都能拥有美好未来。唯愿走上工作岗位的你们，都能在自己平凡或不平凡的岗位上发光发热。愿我们能拥有"此后如竟没有炬火，我便是唯一的光"的勇气。也愿我们成为彼此的炬火，照亮自己，也能照亮他人。愿大家成为想成为的人，奔向属于自己的星辰大海。也愿大家即便经历世事依然能保持内心的赤诚。初心不泯，永远年轻，永远热泪盈眶！

个人简介

　　吕月爽，女，中共党员，山东济南人，2017年毕业于天津职业技术师范大学。2020年3月入职浙江旅游职业学院，现为酒店管理学院辅导员，曾获学院"优秀社团指导老师"荣誉称号，主持校级课题一项，新进教职工课题一项。

始终相信努力的意义

汤 胤

我在旅院，你们来自不同的地方，2015 年 3 月 9 日是我和你们相遇的第 1 天，今天是我和你们相遇的第 920 天。辅导员工作三年，经常有学生会好奇地问我："汤汤老师，你以前是什么样的？"

2013 年 6 月，我从教育经济与管理专业研究生毕业，参加了工作，那是我的第一份工作。2015 年 3 月，我找到了第二份工作，来到了旅院，最终成为一名辅导员。刚开始见到你们的几个月，我会慌乱，之所以慌乱，是因为对开展工作没有头绪，对怎样才能更好地带你们也缺乏信心。后来，我看书思索，组织活动，聆听你们的想法，慢慢地克服了很多弱点，努力去成为一个能够陪伴你们成长的睿智成熟的老师。这些年，走在校园里，我会突然听到迎面而来的你们喊我"汤汤、学姐"，然后看着你们伴着清脆的笑声转身。现在的我变得比以前从容、镇定，这样的工作经历也让我想要一直去相信努力和坚守的价值。

三年的时光里，在遇见自己的同时，我最开心地是遇见了那么多、那么好的你们。你们青春、阳光，像花儿一样绽放在我的照片墙上，每张照片背后都写着一个美好的故事。

大学一定是最能集中注意力静心读书的地方。经过两年的积淀和思索，从第三学年的 10 月开始，我总会看到你们中的一部分决定专升本，看见你们在接下来的几个月抱着厚厚的资料在图书馆或自习室努力看书复习，在填报学校和志愿前认真地听取我的建议，最后我也总能在每年的 5 月听到你们无比开心地跟我说："汤汤，我被浙江财经大学录取了，我要去读本科了！"问起你们想要专升本的原因，你们说，想弥补曾经的不完美，想从这里毕业后继续读书，想让自己变得更好，也相信自己一定可以梦想成真。

就在最近，之前几个考上专升本的同学还跟我说想继续考研。我猜想，是

"努力奋斗"这四个简单的字在一点一滴地成全着你们的广阔梦想。

2016年9月，我遇见了一个3+2班，你们的在校时间只有一年，一年的时间太短太短，短到你们在入学的时候就想过一年后只会如清风拂过一般，不留任何痕迹地离开。但想不到的是，你们为了参加校歌比赛而打了一个月的持久战，你们经常晚自习下课后还留在教室和舞蹈房练习。在经历兴奋、低落、艰辛、坚持之后，你们靠努力和团结终于站上了"519"校歌合唱决赛的舞台。

这样的经历和体验，让你们学会了相信的力量，"相信只要努力付出一定会有回报，相信我要做的事情就很简单，只要努力就好"！

一学年匆匆结束，你们一个一个过来跟我告别，你们说："大学原来可以这么棒，真的要离开的时候会舍不得。"我知道，是这份努力的经历，让你们的大学变得不一样了。

上学期，我开展了"说出你的故事"活动，来参加活动的你们讲了很多故事，你们告诉我的，其实都是同一件事，就是你们不想让自己停留在原地，是要努力使自己变得更好。在这个活动中，我邀请过一个大三的女孩子当主讲嘉宾，这个女孩子是我在2016年暑假前才认识的，表面看上去很普通，认识不久后，她独自背包走了东南亚。开学初，她努力申请了一个学期的赴台湾交流项目。

一学期交流结束后，她马上回校专心准备专升本考试。我记得后来她跟我说，她一直相信努力的意义，她现在同时被浙江农林大学和台湾的一所本科高校录取了，接下来她就要去兼职赚学费了。

是啊，我看着你们成长了、勇敢了，我期待你们都能变得更好。

亲爱的同学们，大学很奇特，在这里，你们会遇到优秀的老师，可爱的同学，遇到挚友，遇到爱情。祝愿你们永远快乐，祝愿你们迎风微笑，并始终相信努力的意义。最后，我们一定会在阳光路上遇见……

个人简介

汤胤，女，中共党员，硕士研究生，2013年6月毕业于浙江工业大学教育经济与管理专业，现任旅行服务与管理学院辅导员，曾获学院第一届辅导员职业能力大赛三等奖、学院第二届辅导员职业能力大赛三等奖。

"00后"由你来定义

吴依妮

刚开始用"70后""80后"等词语划分不同的年龄人群时,"00后"还是一个显得遥不可及的词汇。倏忽之间,"00后"接棒迅速成为时代"后浪"。青年是整个社会中最积极、最有生气的力量。总被认为"还是孩子"的"00后",其实已经开始在各行各业登场亮相,成为新时代的中坚力量。"00后"绝不是垮掉的一代。你所站立的那个地方,正是你的中国。你怎么样,中国便怎么样。你是什么,中国便是什么。你有光明,中国便不黑暗。"00后"是一个怎样的青年群体,由你来定义。

一、"00后",是矢志报国的一代

青春之热血,永远为祖国而奔腾,矢志报国的你,就是民族的希望。

"清澈的爱,只为中国",这是18岁的陈祥榕写下的战斗口号。班长孙涛问他:"你一个'00后'的新兵,口号这么'大'?""班长,这跟年龄没关系,我就是这么想的,也会这么做的",他坚定地说。雪山回荡英雄气,风雪边关写忠诚。外军越线寻衅滋事,李确祥和陈祥榕等紧急前出处置。"要上一线了,你怕不怕？""使命所系、义不容辞！"这是新兵陈祥榕的第一次冲锋，他与对手殊死搏斗，坚决逼退越线人员。2020年6月，陈祥榕在守边护边时壮烈牺牲，牺牲时不满19岁，中央军委给陈祥榕追记一等功。身前是重围，身后是祖国，他展现出誓死捍卫祖国领土的赤胆忠诚和一不怕苦、二不怕死的战斗精神，彰显了新时代卫国戍边英雄官兵的昂扬风貌。

二、"00后"，是奋勇拼搏的一代

青春之光芒，永远为祖国而闪耀，奋力拼搏的你，是民族的骄傲。

这个夏天，让我们难忘的是振奋与荣耀，是久久回荡的国歌和那一抹鲜艳的中国红。参加东京奥运会的431名中国代表团运动员中，"00后"运动员有58位。在中国代表团收获的38枚金牌里，有12枚由"00后"运动员赢得。在游泳、跳水、射击等项目上，都有"00后"选手刷新世界纪录。尤其令人印象深刻的是，从射击选手杨倩到跳水选手张家齐，获得奖牌后的"冠军比心"成为新的流行符号。优异的成绩，阳光的外表，开朗的性格，观众们被这些20岁上下的运动员们"圈粉"。这些初登奥运赛场的中国小将们，迸发出无限的活力和冲劲，在众多项目中成为闪耀赛场的焦点，用沉稳和实力诠释着中国"后浪"的澎湃，更是让全世界都看到了中国新生一代的风采。

三、"00后"，是无私奉献的一代

青春之旋律，永远为祖国而唱响，无私奉献的你，就是民族的未来。

2020年2月12日中午，一位保安大哥跑进杭州市西湖区红十字会办公室，手里紧紧抓着一个"红包"。一个穿着校服的男孩说了句"我要捐款"，就把这红包塞在保安手上，撒腿跑了。沉甸甸的红包里共有1491.1元，外面套着"浙江省红十字会博爱送万家"的信封，里面夹了一张字条，写着"受之以愧，国难当头，留给西溪医院感染科一线的勇士吧！——志愿者"。

这个撒腿就跑的男孩就是我校2017级校友夏振辉。他匿名捐赠的这笔慰问金，大部分是浙江省红十字会奖励他的慰问金。2019年3月，夏振辉参加了杭州市西湖区红十字救护员培训班，并顺利考取红十字救护员证。同年9月，一名70多岁的大伯倒在电梯口，他迅速赶到现场，协助医生进行心肺复苏，使大伯恢复心跳；2020年8月，一名工人触电导致心跳呼吸骤停，又是他第一时间实施心肺复苏术，成功挽救了工人的生命；今年 9 月 10 日，夏振辉光荣地当选全国"十大最美救护员"，并作为代表在发布会上发言。夏振辉的事迹被《新浪浙江》《杭州日报》《钱江晚报》等多家媒体刊载，展示了旅院学子的奉献与担当。

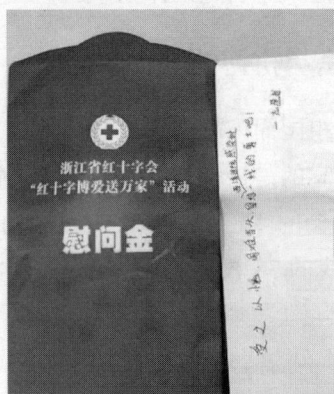

"青年之字典，无'困难'之字；青年之口头，无'障碍'之语""以青春之我，创建青春之家庭，青春之国家，青春之民族"……当年李大钊同志对青年的寄望，是青年人顽强拼搏、英勇奋斗的形象写照。新冠肺炎疫情中，一群"00 后"的孩子换上防护服，学着前辈的样子救治病人，与死神抢人；抗洪救灾一线，一群年轻的身影争当志愿者，尽显青春担当；天安门广场上，共青团员和少先队员代表集体献词，致敬党的百年奋斗历程，发出"请党放心、强国有我"的时代强音……未来属于青年，希望寄予青年。"00 后"们，接过历史的接力棒，祝你们在人生赛道中跑出好成绩！

个人简介：

吴依妮，女，中共党员，浙江义乌人，2020 年毕业于浙江师范大学。2021 年 1 月入职浙江旅游职业学院，现为旅行服务与管理学院辅导员。

百年目标与吾辈共进

谢建颐

　　2021年，是中国共产党成立100周年。从建党的开天辟地，到新中国成立的改天换地，到改革开放的翻天覆地，我党始终坚持为中国人民谋幸福，为中华民族谋复兴的初心和使命。中国共产党人始终与人民心心相印，与人民同甘共苦，与人民团结奋斗，做中国人民和中华民族的主心骨。

一、百年目标，保家卫国的斗争精神

百年薪火，世界已见证中国青年的力量。在历史转折点上，我们总能看到一群青年点燃革命火种，奉献全部青春。革命战争时期的邱少云、董存瑞、杨根思等，他们争取民族独立、人民解放；社会主义建设时期的雷锋、王进喜、焦裕禄等，他们在广阔天地忘我地劳动、艰苦创业；改革开放时期的李锐、郑必坚、陈锡文等，他们团结起来振兴中华，为民族的繁荣昌盛开拓进取。

二、百年目标，兼济天下的奉献精神

回望刚刚过去的2020年，参与抗击新冠疫情的医护工作者中的"90后""00后"超过了三分之一，"全国脱贫攻坚楷模"青年人榜上有名，更多的优秀青年火速入党。

翻开近两年的故事，前有年轻的医生、护士，纷纷递上"请战书"。她们为了防止病毒的传播，剃掉了自己最为秀美的头发。后有华坪县儿童福利院院长张桂梅扎根边疆教育，积劳成疾。在脱贫攻坚的战斗中黄文秀放弃大城市的高薪工作，毅然回到自己的家乡，却因遭遇山洪不幸殉职。当我们这个民族到了生死存亡的关键时刻，依靠的就是我们这个民族的脊梁。

三、百年目标，砥砺前行的传承精神

习近平总书记也对我们青年一代寄予了厚望，他曾指出："青年兴则国家强。未来属于青年，希望给予青年。"

就在前不久，中国EDG战队夺冠！举国喝彩！然而进军决赛的路上磕磕绊绊，他们完成了人生的逆袭。这群追逐梦想的年轻人，不畏失败、勇敢拼搏，让世界感受到了中国电竞青年的青春热血。时代在前进，年轻的面孔在改变，但中华民族骨子里流淌的红色基因永不改变，奋斗的青春才是最美的青春。实现中华民族伟大复兴的中国梦的接力棒已经交到我们青年人手中！

　　胸怀千秋伟业，恰是百年风华。青春向党，时代向上。中国青年将继续秉承中国共产党人的精神血脉，奋勇前进！愿中国青年有一分热，发一分光，为中华民族伟大复兴不懈努力！

个人简介

　　谢建颐，女，中共党员，安徽合肥人，2018年毕业于杭州师范大学艺术教育研究院（艺术史方向），国家三级心理咨询师，2020年3月入职浙江旅游职业学院，任工商管理学院思政辅导员。荣获浙江旅游职业学院第二届、第三届辅导员"青春向党"主题理论宣讲第一名，浙江省省级文化和旅游系统"我最喜爱的习近平总书记的一句话"微党课宣讲比赛优胜奖。

大学，不负青春

谢振旺

在我小的时候家里特别穷，居无定所，经常寄人篱下，母亲特别渴望能拥有自己的一间屋子。有一年，村里批宅基地，如果买了地就没法供我们上学了，母亲没法抉择，就问我："买了地就供不起你上学，供你上学就没法买地，你的想法是什么？"我说："供我上学吧，我相信学习能改变命运。"

这是长大后母亲跟我说的，我已经不记得了。

15 年前，我带着全村人的期望，从偏远山区走进大学。在迷茫的青春里，自卑过、空虚过、失落过，也曾因为不喜欢专业而闹着要退学。庆幸的是，我选择了坚持。

因为自卑，就去寻找自己擅长的东西；因为空虚，就去尝试充满未知的可能；因为失落，就去努力找寻更多的机会。

今年，刚好是我大学毕业 10 周年。我已经摆脱了父辈的命运，从事着自己喜欢的工作，成了家，买了房，生活虽然平凡却过得富足。当母亲再次跟我提及小时候的这件轶事，在自觉惭愧的同时，我知道，是大学成就了我。

也是在 15 年前，还差两个月高中毕业，我最好的朋友在他母亲的劝说下去了日本。他的母亲安排他在屠宰场工作，收入不错，但他很不满意，因为既不体面又辛苦。两年后，他带着积蓄回国，在游历了祖国大好河山后，他决定到北京学习推拿，据说在日本，推拿收入高还不辛苦。可惜，等他学成回到日本，并没有哪家店愿意录用他。没有文凭的他，最后在朋友的介绍下，在某家公司担任了电梯管理员。

那年，他打来越洋电话，说他想学习投资理财，不知道从何开始。对此，我也毫无头绪，只是建议，何不了解一下世界顶级的大学，看看他们的经济学专业学生都在学什么？

一年后，他打来电话，建议还在读研的我借十几万元买股票，对此我不以为然，心想炒股不就是赌博嘛。那一年是 2007 年，半年后，A 股市场迎来 6000 点大牛市，迄今未被超越。

又几年，他在日本成了家、买了房，小有积蓄，投资回报连续取得好成绩。我深感好奇，一个高中没有毕业的人，怎么会有如此深邃的投资眼光。他笑了笑，问我："你知道我在当电梯管理员那两年看了多少本书？"我说：我猜不出来。他说：200 本！我数了数，一年 100 本，3~4 天就要看一本！他说，这其中就包括世界顶级大学的教材。

他没有上过大学，但我知道是学习成就了他。

"大学该怎么过？"

我知道，这个问题一定困扰着你。

有些人没有上过大学，却从未离开大学；有些人上着大学，却根本不在大学。

似乎年轻就应该是撸串、玩游戏、搞事情，但"短暂喧嚣和热闹过后是必然的沉默与失落"，尤其当我们想起未来、人生和梦想的时候，我们知道这些不是全部。

我深知，我的朋友也深知，成就一个人的永远只有学习。

所以，大学该怎么过？

毫无疑问：我爱学习，学习爱我。学习使我快乐！

联合国教科文组织很早便提出，学习最重要的是：学会认知、学会做事、学会共处、学会发展和学会改变。

一、学会认知

股神巴菲特的好搭档，查理·忙格曾说："我不断地看到有些人在生活中越过越好，他们不是最聪明的，甚至不是最勤奋的，但他们是学习机器，他们每天夜里睡觉时都比那天早晨聪明一点点。"

去图书馆吧，同学们！学会学习，保持理性，做一个明辨是非的旅院人。

二、学会做事

作为职业院校的学生，职业技能是我们安身立命的根本，任何时候都不要放弃专业学习。

积极参加比赛、社会实践吧，同学们！融入行业，不断提升，做一个具备优秀专业素养的旅院人。

三、学会共处

大学是个小社会，它提供了相对安全的社会关系，在和老师、同学、学弟学妹交往的过程中，可以让你学会处理与上级、同事、下属的关系，而你融入校园的过程恰如你今后融入社会的过程。

去参加学生会、社团组织吧，同学们！从中学习和实践，做一个懂得竞争合作、寻求共赢的人。

四、学会发展

你是谁，你打算成为谁？学会发展，就是学会为自己的未来努力，成为自己想成为的人。

早做规划吧，同学们！大胆尝试，做一个不断追逐和实现梦想的人。

五、学会改变

忽略世界的人，必然被世界所忽视。诺基亚最引以为豪的就是质量，当他的工程师对 iPhone 进行抗摔测试时，发现 iPhone 不经摔，质量不好，由此断定 iPhone 不会对诺基亚构成威胁，甚至还嘲笑 iPhone 是一个没有键盘的手机。如今，用不坏的诺基亚早已被微软收购，而不抗摔的苹果成了世界上最赚钱的公司。

风声雨声读书声声声入耳，家事国事天下事事事关心。同学们！做一个关心时事，顺应时代发展的旅院人。

青春易逝，年华易老。希望同学们在旅院的大学生涯充实而又快乐。

个人简介

谢振旺，男，硕士研究生，毕业于福建师范大学，基础心理学专业。国家二级心理咨询师、省优秀辅导员，院奖教基金、"我最喜爱的教师"获得者。

小诚大立，以诚为本

徐先奎

薛瑄说："惟诚可以破天下之伪，惟实可以破天下之虚。"诚信的品德，是我们中华民族几千年来的不懈追求。诚信是一种风格，一种姿态；诚信是一种潇洒、一种境界。这纯粹又美好的品德，理应被我们弘扬。

在全民抗"疫"的这个特殊时期，对我们全院师生来说可谓是不平凡的一年。即将开始的停课复习意味着一学期繁重的课业学习已结束，紧张的期末大考就要拉开帷幕。每逢期末考试，总有极个别学生蠢蠢欲动，行走于"花式"作弊的"独木桥"上。他们或是明知故犯，或是无知无畏，结果都付出了沉重的代价。考试是知识的检阅，更是诚信的考验。为何不能守住内心的坚持，做到无愧于心？"才者，德之资也；德者，才之帅也。"有才能的人更会注重自己道德的培养。2018 年 11 月，某大四毕业生作弊被抓，据调查，他已经连续在三场考试中作弊。有关考场作弊的报道已经屡见不鲜，作为祖国未来的希望，却频频出现这样的行为，不禁让人感到悲愤。他们靠能力考入大学，占用着社会资源，却做出考场作弊这样有失诚信的事，愧对了自己的才能与道德。

聊到关于诚信的话题，让人产生对诚信问题的思考。我迫不及待地想带着大家走进诚信的世界，捋一捋有关诚信的"干货"，一起接受诚信的洗礼，一起感受诚信的力量，筑牢立身之本！

2014 年 5 月 4 日，习近平总书记在北京大学师生座谈会上讲道："我们生而为中国人，最根本的是我们有中国人的独特精神世界，有百姓日用而不觉的价值观。"中国被世界公认为礼仪之邦，诚信文化源远流长。孔子曾说："人而无信，不知其可也。"孟子说："至诚而不动者，未之有也；不诚，未有能动者也。"诚信，是中华民族五千年文明积淀下来的优秀传统文化，是社会主义核心价值观的重要组成部分，也是全国人民战胜疫情的强大力量。

从古至今，诚信一直滋润着人们的心灵，塑造着人们的道德品格。千百年来，中华民族讲求诚信，推崇诚信，坚持以诚为本立身，以信为基处事。诚信早已融入我们文化的血液中，成为文化基因中不可或缺的一部分。诚信之风质朴醇厚，诚信之气充盈中华，诚信之光普照华夏。诚信思想对中国社会的发展及人民道德素质的提升产生了极其深远的影响。

一、诚信是个人向美向善的精神财富

荀子曰："君子养心莫善于诚，至诚则无他事矣。"古代许多思想家将诚信作为个人品德养成和自我完善的试金石，普遍认为善源于诚。只有做到内心向善和至诚至善，才能够更接近真正的德。正是因为这种内在的精神追求，诚信思想才会被继承和发扬。诚信是一个人最珍贵、最重要的精神财富。没有诚信的生命是渺小的，无法感受生命的真谛；没有诚信的爱情是虚伪的，无法品尝到爱情的甜蜜；没有诚信的奋斗是徒劳的，永远无法到达人生的巅峰。在人生旅途中，如不踏踏实实迈出诚信的脚步，否则将永远走不出渺小狭隘的怪圈。

二、诚信是个人为人处世的根本所在

程颐说："人无忠信，不可立于世。"从根本上说，诚信是人们在社会上的立足之本，是人际交往中最普遍、最珍贵的品质。对于一个人来说，不论如何平凡，即便是没有财富和权势，但只要拥有诚信，就拥有了人类最高尚的为人处事之道。古人云："人无信而不立"，一个国家如此，一个人同样如此。从哲学角度讲，诚信是客观存在的，是符合客观事物发展规律的，是真实可信的，是经得住时间检验的。坚持诚信的为人处世之道，用平和的心态来看待世间的一切，为人便能善始善终。

三、诚信是个人走向成功的智慧锦囊

如果把成功比作一棵枝繁叶茂的参天大树，那么诚信就是滋润其茁壮成长的雨露和阳光；如果把成功比作一幢耸入云霄的摩天大厦，那么诚信就是令其巍然屹立的坚强基石。哈特说："诚信是一条自然法则，违背诚信的人是会得到报应的。诚信就像万有引力定律一样，适用于一切领域。"诚信本身是一种智慧，小诚信是小智慧，大诚信是大智慧。几千年前的中国，孔子说："言必行，行必果。"几千后的法国，左拉说"失信就是失败"。这都蕴含了宝贵的诚信智慧。许多成功人士之所以取得常人难以取得的成功，其中最重要的原因之一就是他们没有选择扔掉诚信这个智慧锦囊，而是坚持把诚信当作自己的信仰，自始至终地坚守"诚信至上"的原则。现实生活中有一些凭智慧无法得到的东西，却能依靠诚信而得到。

四、诚信是兴国安邦的重要法宝

一个缺乏诚信的民族，是没有灵魂和信仰的民族，也是没有希望的民族。俗话说，人无信不立，业无信不行，国无信不强，诚信建设于国于民是大有裨益的。诚信不仅在人与人之间的关系中至关重要，而且在国与国的关系中同样具有举足轻重的地位。党的十八大以来，习近平总书记在国内外多个重要场合强调诚信的重要性，为诚信在社会生活、外交关系和时代价值上的体现开启了多维视野，提供了基本遵循。当今社会风清气正，歪风邪气得到了有效遏制，讲诚信的风气和体制机制逐步形成。在国际舞台上，中国一向是"言必信、行必果"。面对当前依然十分复杂严峻的全球疫情形势，中国积极承担国际义务，履行国际援助承诺。正如 2013 年 10 月 3 日，习近平主席在印度尼西亚国会演讲时所说："人与人交往在于言而有信，国与国相处讲究诚信为本。"

诚信对于个人、社会乃至国家而言，都是一种不可缺少的重要力量，也是个人成功、社会和谐乃至国家复兴的根基。对个人来说，一个人只有做到诚实守信、敢于担当，才能问心无愧、心安理得。对国家而言，如果人人都能够以诚立身、以信为本，就一定能够赢得疫情防控阻击战的全面胜利，一定能够完成"两个一百年"的奋斗目标，将来也一定能够实现中华民族伟大复兴的中国梦！

"若有人兮天一方，忠为衣兮信为裳。"诚信是人最美丽的外衣，是心灵最美丽的鲜花，也应是我们毕生的追求。小诚大立，以诚为本，我们更应注重诚信的培养，在生活中讲求诚信，在诚信中行稳致远。

个人简介

徐先奎，男，山东泰安人，2012 年毕业于中国矿业大学文学与法政学院，国家二级企业人力资源管理师，2018 年 1 月入职浙江旅游职业学院，曾获 2019—2020 学年第一学期旅行服务与管理学院"优秀班主任"荣誉称号。

我拿什么感谢您，袁隆平爷爷

姚镭栓

　　5月22日，我们的国家痛失了袁隆平院士，好些年没掉过眼泪的我，一次又一次地红了眼眶。从十四年前我决定进入农学院学习之日起，袁隆平爷爷便成为我的精神榜样之一，多少次在我迷茫时，激励我坚定地追求理想。我从未意识到，这位从小就存在于我常识之中的"杂交水稻之父"，有一天会真的从我们的世界离开。正如某位网友所说，他就像伴随着我们的日月星辰，平时总不大会想起，总觉得他永远会在，但他却又和日月星辰不同，是西沉了就不再升起，划过天幕就不再回来……

一、禾下乘凉，逐梦一生

　　我拿什么怀念您，袁隆平爷爷。是金色的稻谷，是不朽的初心。袁老曾坦言：为何选择学农？是源于小学一年级时一次参观园艺场的经历，还有就是受了一部卓别林电影的影响，年少时见到的那些美丽花果和美好田园生活，造就了他对学农最初的向往，那是出于好玩，哪里知道会这么辛苦哟。话虽这么说，但就算很多人对学农有看法，袁老却从未后悔过。

　　袁老曾说，自己做过两个梦，一个是杂交水稻覆盖全球梦，另一个是禾下乘凉梦。梦里的水稻长得比高粱还高，穗子有扫帚那么长，谷粒有花生米那样大。于是在此后的岁月里，他更加执着地要将梦想变为现实。

　　他当了68年"农民"，荣誉等身、受表彰无数，但心里一直惦记的，永远是"下田"。即使已经90岁高龄，袁老每天起床的第一件事依旧是到田边"打卡"。甚至是在被授予"共和国勋章"的那天，袁老心理惦念的仍是试验田正处于对花时期。他领完奖，便马不停蹄地赶去田里查看水稻长势，直到亲眼所见方才放心，欣慰地说："开花开得好好。"

　　禾下乘凉，逐梦一生。当我们很多人叫嚷着想要马上放假、马上退休时，袁老却在生命的最后一刻依然挂念着杂交水稻事业，挂念着：今天的天气怎样？会不会影响水稻的生长？没有人生来就伟大，是每一个平凡的、无愧于初心的选择，加上"知识、汗水、灵感、机遇"，最终铸就了伟大。

二、一稻济世，万家粮足

我拿什么感谢您，袁隆平爷爷。1964 年开始找雄性不育系，袁老和他的团队经过多年艰苦努力，继承和突破前人研究，直到 1974 年才培育高产的杂交水稻，而那时距他开始水稻科研已经 18 年、距离找杂交水稻逾 10 年。是吃苦耐劳、甘于寂寞、坚韧不拔的品格和"让所有人都吃饱饭"的朴素信念引领着他们一步步攻克杂交水稻这个全世界都没能解出的难题，解决了全世界五分之一人口的温饱问题，让我们从此不必挨饿、过上了富足的生活。

但当今社会，许多没有挨过饿的年轻人，常会忘了每一颗粮食的来之不易，浪费粮食却不以为耻，甚至认为，粮食是自己用钱买的，怎么吃是自己的事。殊不知，事实是，若没有袁老和广大农民的辛苦劳作，为维护国家的粮食安全而牺牲了许多个人利益，就算我们再有钱，也未必能买到粮。那么，到底又是什么给了我们浪费的底气？据统计，全国每年在餐桌上浪费的粮食相当于 2 亿多人一年的口粮，在感到痛心的同时，你是否坚持着每一餐的"光盘行动"？

三、朴素豁达，精神永驻

袁老本可以用自己的研究成果申请专利，成为最富有的人，但是他却将自己的研究成果全部奉献给了祖国，给了世界。是袁老让我相信，那些能使大多数人得到幸福的人，其本身也是最幸福的。

我拿什么讲述您，袁隆平爷爷。这个和蔼可亲、看起来和普通爷爷没啥区别的老人，却又如此与众不同——

他坚韧，数十年如一日坚持将论文写在祖国的大地上；

他朴素，一生穿过最贵的衣服，是去人民大会堂领取国家最高科学进步奖时，买的一套几百块的西装；

他豁达，不爱虚头巴脑的荣誉，却自豪于同学们写给自己的评语："爱好——自由，特长——散漫"；

他幽默，笑称自己是"资深帅哥"，听记者称呼自己 90 岁高龄，便不服气地马上回怼，称自己是"90 后青年"；

他纯真，见到小鸭子会学着"嘎嘎嘎"叫；被记者问到如何管理团队，他哈哈大笑说："我不懂这些方面。人呐，他名堂多，我是害人之心没有，防人之心也没有，这样一个人。"

他多才多艺，高中时就已经是武汉市百米游泳第一名；他英文非常好，俄语也不赖；他会拉小提琴，拉得不好害羞得从镜头前溜走；他还喜欢下象棋，打气排球、打麻将、跳踢踏舞……

他总是一边摸着脑门吐槽着带博士生改论文很麻烦，一边又牵挂着下一辈的成长，告诫年轻人要心存大志向，读书不要只是为了考大学，考大学不要只是为了赚钱混饭吃；要练就一个好身体，身体不好，什么事情都干不成；他说，年轻人要乐观一点，胆子大一点，不要一天到晚愁眉苦脸，怕这样、怕那样……

千言万语，道不尽一生故事，絮絮叨叨，真像极了我们的爷爷。

"风吹起稻浪，稻芒划过手掌，稻草在场上堆成垛，谷子迎着阳光，哗啵作响，水田泛出一片橙黄……"

袁隆平爷爷走了，却将粮食的种子、勤劳与奋斗的"种子"，留给了我们青年一代。

我拿什么感谢您，袁隆平爷爷？我想，最好的感谢，就是让您的精神，永永远远流淌在我们中华儿女的血液里，以青春之我、奋斗之我，谱写无愧于新时代的青春华章。

个人简介

姚镭栓，旅游规划与设计学院学工办主任，2014 年 5 月入校工作。浙江省文旅系统青年宣讲团成员、浙江省"课说思政"名师辅导员工作室成员，入选首届浙江省名师辅导员成长引领计划。曾获浙江省"高校辅导员年度人物"提名、浙江省辅导员职业能力大赛二等奖、浙江省高校网络教育优秀作品一等奖、浙江省辅导员工作案例二等奖等荣誉。

珍惜大学时光，让青春闪闪发光

祝书荣

写给 2021 级的小萌新们：

嘿，21 级的小萌新们，大家好。步入大学时光将近两个月，你是否已经全身心投入大学生活，拥抱大学时光？在对即将毕业同学的调查中，不少同学悔恨大学时光曾白白从指缝间溜走。我们曾沉迷于看短视频时指尖滑动的快感；迷恋于追番所分泌的短暂多巴胺；陷溺于网游中嗨翻全场的"高光时刻"；沉醉于过于精致的妆容……

在庆祝中国共产党成立 100 周年大会上，习近平总书记寄语青年："新时代的中国青年要以实现中华民族伟大复兴为己任，增强做中国人的志气、骨气、底气，不负时代，不负韶华，不负党和人民的殷切期望！"正值青年的我们，处于人生精力最旺盛的阶段，流体智力的顶峰时期。此时，我们接受新事物的能力最强，需要承担的社会责任较少，且试错成本低。因此，我们更应该珍惜青春时光，不负韶华，力争上游。

古有孙敬悬梁，苏秦刺股，匡衡凿壁偷光，车胤囊萤夜读，司马光警枕励志，董仲舒三年不窥园……正因古人惜时勤学，方能在各个领域有所成就。近代有"邓中夏的五分钟谈话"。现有身高一米七二的广东小伙跑出新速度。苏炳添，没有先天的身体优势，他成功的秘密就藏在他每天的时间表里，纵然"黄金年龄"已过，但仍惜时苦练，一坚持就是十多年。短跑健将的一生，始终都在与时间赛跑。

莎士比亚：我们耽误时光，好比白昼点灯一样。能否把握时间，做时间的主人往往决定着人生的命运。如何才能让大学时光过得更有意义，我想和大家分享以下几点：

一、珍惜每一次探索学习的机会

教师们细致地备课，耐心地讲解，给予同学们翱翔知识天空的信念与力量；优美的校园环境，丰富的图书馆资源，都成为同学们探索学习空间的沃土；大学期间的实训锻炼，为同学们未来工作奠定了坚实的基础。同学们要规划好大学时光，珍惜优越的读书条件，去除浮躁之气，汲取知识，增长才干。

二、珍惜每一场精心组织的活动

大学里的每场活动都是展示自我的舞台。在十佳歌手舞台上绽放自我光芒，在志愿者活动中释放青春热情，在心理情景剧大赛中展示表演天赋……同学们，不要拒绝尝试，学着接触新事物，拥抱变化，在实践中学真知、悟真谛、长本领，这将是你重新认识自我最好的桥梁。

三、珍惜每一个与同窗相处的日子

我们从五湖四海来，因为共同的志向或是缘分相聚，成为同学，成为室友。失意时，是同学的鼓励让我们振作；失恋时，是室友的陪伴让我们坚强。纵使相处间存在摩擦，但我们依旧需怀感恩之心，不要等到热闹的寝室变得冷清，朝夕相处的同学们各奔前程之时，才遗憾相聚的时间太短。

四、珍惜每一段与校园相拥的时光

旅院唯美的夕阳，鱼鳞般的云朵，都是极美的景色。清晨镜泊湖畔的琅琅书声，黄昏后约两三好友散步于徐霞客路，傍晚在汇英场上挥洒汗水的身影，这都是青春与旅院的浪漫邂逅。在美丽如景区的校园里，同学们应热爱校园，陶冶情操，勤奋刻苦，练就强健体魄。

盛年不重来，一日难再晨。每个人的一生都只有一次青春，许多人受益时浑然不觉，失去时则徒留怅然。扎根吧，青年，唯有惜时如金，晴耕雨读，越过枯燥才能获得愉悦。

个人简介

祝书荣，女，中共党员，湖北荆州人。2018 年毕业于浙江工业大学，2020 年 3 月入职浙江旅游职业学院，现为旅游外语学院辅导员。国家二级心理咨询师，主持校级重点课题一项，浙江省学生资助调研重点课题一项。

后 记

　　浙江旅游职业学院"三全育人"综合改革成果系列丛书是集体智慧的结晶。浙江旅游职业学院党委书记韦国潭高度重视、多次部署，党委副书记周国忠主编，学生工作部部长徐初娜、副部长金蓓蕾具体负责协调、统稿工作。在此，对给本书提供了直接指导的韦国潭书记和所有参与丛书编写的工作人员致以衷心的感谢和诚挚的敬意。由于时间仓促，不足之处在所难免，欢迎广大读者批评指正。

编　者

2022 年 6 月

项目策划：段向民
责任编辑：赵　芳
责任印制：冯冬青
封面设计：武爱听

图书在版编目（ＣＩＰ）数据

阳光路上 / 周国忠主编；徐初娜，金蓓蕾副主编；
徐敏等参编. -- 北京：中国旅游出版社，2022.11
　　ISBN 978-7-5032-7036-9

　　Ⅰ．①阳… Ⅱ．①周… ②徐… ③金… ④徐… Ⅲ.
①高等职业教育－班主任工作 Ⅳ．①G718.5

中国版本图书馆CIP数据核字(2022)第173024号

书　　名：阳光路上

主　编：周国忠
副主编：徐初娜　金蓓蕾
参　编：徐　敏　俞丹茗　陈雪琪　陈莹莹
　　　　杨　婷　吴　珊　姚镭栓
出版发行：中国旅游出版社
　　　　（北京静安东里 6 号　邮编：100028）
　　　　http://www.cttp.net.cn　E-mail:cttp@mct.gov.cn
　　　　营销中心电话：010-57377108，010-57377109
　　　　读者服务部电话：010-57377151
排　　版：北京旅教文化传播有限公司
经　　销：全国各地新华书店
印　　刷：三河市灵山芝兰印刷有限公司
版　　次：2022 年 11 月第 1 版　2022 年 11 月第 1 次印刷
开　　本：720 毫米 ×970 毫米　1/16
印　　张：11.5
字　　数：210 千
定　　价：49.80 元
ＩＳＢＮ　978-7-5032-7036-9
